Erwin Rohde

Über Lucians Schrift Loukios e Onos und ihr Verhaeltniss zu

Lucius von Patrae

und den Metamorphosen des Apulejus

Erwin Rohde

Über Lucians Schrift Loukios e Onos und ihr Verhaeltniss zu Lucius von Patrae
und den Metamorphosen des Apulejus

ISBN/EAN: 9783744618168

Hergestellt in Europa, USA, Kanada, Australien, Japan

Cover: Foto ©ninafisch / pixelio.de

Weitere Bücher finden Sie auf **www.hansebooks.com**

UEBER

LUCIANS SCHRIFT

ΛΟΥΚΙΟΣ Η ΟΝΟΣ

UND IHR

VERHAELTNISS ZU LUCIUS VON PATRAE

UND

DEN METAMORPHOSEN DES APULEJUS.

EINE LITERARHISTORISCHE UNTERSUCHUNG

VON

ERWIN ROHDE.

LEIPZIG,

VERLAG VON WILH. ENGELMANN.

1869.

UEBER

LUCIANS SCHRIFT

ΛΟΥΚΙΟΣ Η ΟΝΟΣ

UND IHR

VERHAELTNISS ZU LUCIUS VON PATRAE

UND

DEN METAMORPHOSEN DES APULEJUS.

EINE LITERARHISTORISCHE UNTERSUCHUNG

VON

ERWIN ROHDE.

LEIPZIG,

VERLAG VON WILH. ENGELMANN.

1869.

BUCHDRUCKEREI VON W. DRUGULIN IN LEIPZIG.

UEBER LUCIANS SCHRIFT

$ΛΟΥΚΙΟΣ$ $Η$ $ΟΝΟΣ$

von

ERWIN ROHDE.

I.

Nicht selten pflegt L u c i a n in seinen satirischen Schriften das Lächerliche oder Hässliche der Modethorheiten seiner Zeit an irgend einem ihm besonders verhassten Repräsentanten derselben zu exemplificiren, und so eine That persönlicher Rache mit Bewusstsein zu einer schriftstellerischen Leistung von culturhistorischem Werthe zu erhöhen [1]). Meist sorgt er nun freilich dafür, dass das persönliche Motiv nicht im Dunkeln bleibe; einige Schriften indess lassen wohl einen derartigen persönlichen Antrieb ahnen, ohne doch volle Klarheit darüber zu gewähren; und doch ist es keine Frage, dass für Lucians Zeitgenossen gerade diese persönlichen Bezüge die pikanteste Würze seiner geistreichen Libelle waren. Es ist daher wohl gerechtfertigt, den Spuren solcher persönlichen Absichten des Satirikers nachzugehen: und ich glaube, dass gerade auf diesem Wege das Verständniss einer Schrift zu suchen sei, die bisher unter den übrigen Lucianischen Schriften, mit denen sie doch in den Handschriften verbunden ist, sich so wunderlich auszunehmen schien wie jenes Entenjunge unter den Schwänen. Ich meine den Λούκιος ἢ Ὄνος, der ja durch die Verwandtschaft seines Stoffes und dessen Behandlung mit denen in den Metamorphosen des Apulejus auch für die römische Litteratur, einige Bedeutung gewinnt.

---

1) So heisst es Pseudolog. 4. οὐ μάτην οὐδὲ φιλαπεχθημόνως οὐδ' ἀνίπτοις ποσί, κατὰ τὴν παροιμίαν, ἐπὶ τόνδε τὸν λόγον ἀπηντήκαμεν, ἀλλὰ καὶ ἴδιόν τι ἀμυνόμενοι καὶ τὰ κοινὰ μισοῦντες τὸν ἄνθρωπον ἐπὶ τῇ βδελυρίᾳ.

Die Untersuchung über Absicht und Zweck dieser
Schrift muss ausgehen von folgenden Angaben des Photius
im 129ten Codex seiner Bibliothek (p. 96 b. Bk.)

Ἀνεγνώσθη· Λουκίου Πατρέως μεταμορφώσεων λόγοι διάφοροι. ἔστι δὲ τὴν φράσιν σαφής τε καὶ καθαρὸς καὶ φίλος
γλυκύτητος· φεύγων δὲ τὴν ἐν λόγοις καινοτομίαν, εἰς ὑπερβολὴν
διώκει τὴν ἐν τοῖς διηγήμασι τερατείαν, καὶ ὡς ἄν τις εἴποι
ἄλλος ἐστὶ Λουκιανός· οἱ δέ γε πρῶτοι αὐτοῦ δύο λόγοι μόνον
οὐ μετεγράφησαν Λουκίῳ ἐκ τοῦ Λουκιανοῦ λόγου ὃς ἐπιγέγραπται·
Λοῦκις[1]) ἢ Ὄνος, ἢ ἐκ τῶν Λουκίου λόγων Λουκιανῷ. ἔοικε
δὲ μᾶλλον ὁ Λουκιανὸς μεταγράφοντι, ὅσον εἰκάζειν. τίς γὰρ
χρόνῳ πρεσβύτερος, οὔπω ἔχομεν γνῶναι. καὶ γὰρ ὡς ἀπὸ
πλάτους τῶν Λουκίου λόγων ὁ Λουκιανὸς ἀπολεπτύνας καὶ περιε-
λὼν ὅσα μὴ ἐδόκει αὐτῷ πρὸς τὸν οἰκεῖον χρήσιμα σκοπόν,
αὐταῖς τε λέξεσι καὶ συντάξεσιν εἰς ἕνα τὰ λοιπὰ σοναρμόσας
λόγον, Λοῦκις ἢ Ὄνος ἐπέγραψε τὸ ἐκεῖθεν ὑποσυληθέν. γέμει
δὲ ὁ ἑκατέρου λόγος πλασμάτων μὲν μυθικῶν, ἀρρητοποιίας
δὲ αἰσχρᾶς. πλὴν ὁ μὲν Λουκιανὸς σκώπτων καὶ διασύρων τὴν
Ἑλληνικὴν δεισιδαιμονίαν, ὥσπερ κἂν τοῖς ἄλλοις[2]), καὶ τοῦτον

---

1) Λουκίς schreiben Courier und Lehmann; aber wenn auch in
diesen Bildungen die Endungen ιας und ις vielfach variiren, auch bei
Stämmen, die auf ιο auslauten, so ist doch jedenfalls für solche Stämme
ιας die legitime Endung (s. Lobeck, proll. pathol. p. 464 ff.). Λοῦκιο
bieten Bekkers Handschriften; was bei einem so späten Schriftsteller
wie Photius doch von einiger Bedeutung ist. Man wird also mit
Salmasius ex. Plin. p. 61ᵇ B, Lobeck, prol. path. p. 500 und
Teuffel, Rhein. Mus. XIX 250 Λοῦκις vielmehr als eine jener alterthüm-
lich plebejischen Nebenformen der Nomina auf ιος zu betrachten haben,
deren Verständniss zuerst Ritschl eröffnet hat. Schwerlich aber
bediente Lucian selbst sich dieser Form. Die Hss. geben einmüthig
Λούκιος; denn die Eine Couriers die im Titel ΛΟΥΚΙΣ schreibt, ist
vermuthlich dieselbe, die am Schluss die Unterschrift zeigt ΛΟΥΚΙΑ-
ΝΟΥ ΕΠΙΤΟΜΗ ΤΩΝ ΛΟΥΚΙΟΥ ΜΕΤΑΜΟΡΦΩΣΕΩΝ, nämlich der
Venetus A (𝔄 bei Jacobitz), freilich für den Ὄνος unsere beste Hand-
schrift, die aber diese Notiz wie jene Schreibung gewiss nur aus
Photius entnommen hat.

2) Unnöthig ist Couriers Aenderung (p. 172 seiner Ausgabe des
Ὄνος): ὥσπερ καὶ τοὺς ἄλλους.

συνέτατεν, ὁ δὲ Λούκιος σπουδάζων τε καὶ πιστὰς νομίζων τὰς
ἐξ ¹) ἀνθρώπων εἰς ἀλλήλους μεταμορφώσεις τάς τε ἐξ ἀλόγων
εἰς ἀνθρώπους καὶ ἀνάπαλιν καὶ τὸν ἄλλον τῶν παλαιῶν μύθων
ὕθλον καὶ φλήναφον, γραφῇ παρεδίδου ταῦτα καὶ συνύφαινεν.

Es ist dies also ein Bericht von dem Buche eines
Lucius von Patrae, μεταμορφώσεων λόγοι διάφοροι, dessen
zwei erste λόγοι mit dem Ὄνος des Lucian in Stoff und
Form eine auffällige Aehnlichkeit zeigten. Welchem von
beiden Werken die Priorität gebühre, war dem Patriarchen
unbekannt; aus gewissen Gründen vermuthete er aber, dass
Lucian den Lucius ausgezogen, nicht Lucius die Schrift
des Lucian erweitert habe.

Diesen einfachsten Sachverhalt, wonach also Lucian
lediglich die zwei ersten λόγοι des Lucius von Patrae
in Einen zusammengedrängt hätte, hielten die älteren
Beurtheiler der Frage fest; so Vossius, de hist. gr.
p. 463 West., Lebau, mém. de l'acad. des inscr. XXXIV
(1770) p. 45, Koraes Vorr. zu Heliodor p. 11. 12; und
ihnen scheint sich auch Chassang, hist. du roman dans
l'antiquité gr. et rom. p. 402 (der 2ten Aufl. Paris 1862)
anschliessen zu wollen. Nur fügt er freilich hinzu; „il y
avait entre cet ouvrage (den Metamorphosen des Lucius)
et le second cette différence, que l'un racontait lourdement
et sans esprit des anecdotes assez insipides par elles-mêmes,
tandis que l'autre avait donné du charme à ses extravagances
par une narration légère, spirituelle et enjouée.“²) Das könnte
man sich schon gefallen lassen, wenn gleich es doch auffallen müsste, dass Lucian, sonst bis zur Einseitigkeit allen
Extravaganzen der Einbildungskraft feind, hier einmal selbst,
ohne satirische Absichten, an solchem Spiel mit schimmern-

---

1) Dies ἐξ scheint mir sinnlos; vor dem εἰς ἀλλήλους hat doch
nur „von Menschen", nicht „aus Menschen" einen Sinn. Man wird
also das ἐξ einfach streichen dürfen.
2) Aehnlich auch Sommerbrodt in seiner Einleitung zum Lucian
p. XXV.

den Luftgebilden sich vergnügt haben sollte. Aber wenn
or denn auch nach dieser Seite einmal sein bewegliches
Talent wenden wollte, so ist bei der sogar übermässig
subjectiven Weise seines schriftstellerischen Schaffens und
bei der sprudelnden Fülle seiner witzigen Gestaltungskraft
es geradezu undenkbar, dass er nicht nur den Stoff einer
burlesken Novelle, sondern auch deren Form bis in Einzelnheiten des Ausdrucks und Satzbaues einem andern Schriftsteller, und noch dazu einem keineswegs hervorragenden,
entlehnt haben sollte. Ihn vor solcher Armseligkeit auf
die Weise zu retten, wie es Chassang versucht hat, ist aber
gar nicht möglich, da uns ja eben diese vollständige Uebereinstimmung beider Schriftsteller Photius ganz ausdrücklich berichtet. Dass nun eine derartige blosse Epitomatoren-
arbeit dem Lucian ganz unmöglich zugetraut werden könne,
sah zuerst Wieland, sicher einer der feinsten Kenner
dieses Schriftstellers, und entwickelte dies im vierten Bande
seiner Uebersetzung des Lucian, p. 296 ff. Schon er gab
aber, nachdem er diesen sehr richtigen Satz gefunden, jeden
weiteren Versuch, aus den Angaben des Photius ein wahr-
scheinlicheres Verhältniss der beiden Bücher zu einander
abzuleiten, völlig auf, und stellte vielmehr seinerseits ein
Verhältniss fest, das ihm möglich schien, aber freilich an Photius keinen Zeugen mehr hatte. In dieser Verwerfung wichtiger Angaben des Photius sind ihm die meisten Neueren, die
diese Frage berührt haben, gefolgt. Wie mir scheint, sehr
mit Unrecht. Denn Photius, ohnehin ja als gewissenhafter
Berichterstatter genugsam bekannt, trennt in diesem Berichte
das, was er mit Bestimmtheit angeben kann, so sorgfältig
von dem, was nur auf einer unsichern Vermuthung beruht,
dass wir gewiss keine Berechtigung haben, seine positiven
Angaben kurzweg zu verwerfen. Auf einer Vermuthung
des Photius beruht allein die Priorität der Schrift des
Lucius, dagegen stellt er als einfache Thatsachen hin:
erstens die plane Verständlichkeit des Stils bei Lucius,

zweitens die Uebereinstimmung der ersten zwei λόγοι des Lucius mit dem Ὄνος des Lucian in Stoff und Ausdruck, drittens endlich die Differenz im Ton des Ganzen: Lucius berichtete seine Wundergeschichten mit ernster Miene, Lucian liess auch hier die spöttische Verachtung des Aberglaubens seiner Zeitgenossen deutlich erkennen. — Von diesen drei Angaben hat man namentlich die dritte entweder nicht beachtet oder sie direct verworfen. Wieland that das erste, und konnte nun, da er einen blossen Auszug aus Lucius dem Lucian mit Recht nicht zutraute, sich das Verhältniss der Beiden kaum anders zurechtlegen, als so, dass er Lucian für den Autor der Geschichte erklärte, Lucius dann nur für einen Sammler, der in den ersten zwei λόγοι seiner Metamorphosensammlung den Ὄνος Lucians weiter auseinander zog. Dabei wäre die Uebereinstimmung im Namen zwischen dem Helden der Lucianischen Erzählung und dem Verfasser jener Sammlung geradezu unerklärlich, wenn man nicht, wie Wieland denn auch thut, annimmt, dass der Zusammensteller jener Verwandlungsgeschichten sich des durch Lucian berühmt gewordenen Namens Lucius von Patrae nur als Pseudonym bediente um seiner eigenen Compilation mehr Credit zu verschaffen.

Von der Unmöglichkeit, dem Lucian einen blossen Auszug aus einem fremden Buche zuzutrauen ging auch Courier in der Einleitung zu seiner Separatausgabe des Ὄνος [1]) aus. Auch er hielt die umfangreichere Erzählung für die spätere, löste aber die Schwierigkeit, welche die Wiederkehr des Namens Lucius bietet, dadurch, dass er Lucius von Patrae für den Autor beider Fassungen der Geschichte erklärte; Lucius selbst *„vieilli, mal inspiré, brouillé avec les Muses"* habe dies *„joli ouvrage"*, den Ὄνος, zu doppeltem Umfange

---

1) Paris 1818. Die Vorrede und die meisterhafte Uebersetzung sind wiederholt in: oeuvres complètes de Paul Louis Courier. Paris 1830. Band II, p. 1 ff.

angeschwellt und damit denn freilich „*gâté son premier jet*".
Damit war dann zugleich die Schwierigkeit beseitigt, welche
die unverkennbare Verschiedenheit des Stils dieses Ὄνος
von Lucians sonst bekannter Manier bot.

Dieser Courierschen Hypothese, die der Wieland'schen
sicher nicht vorzuziehen ist, haben sich dann Letronne
journal des savans 1818 p. 419 und Lehmann, *Luciani
opera VI* p. 504 angeschlossen. Wielands Ansicht fand
Beifall bei Teuffel Rhein. Mus. XIX 250 ff. und wie
es scheint auch bei Maurophrydes, *Philistor* 1862
p. 401.

Noch weiter von Photius entfernt sich Pauly, der in
einer kurzen Bemerkung zu seiner Uebersetzung des Ὄνος
(IX p. 1045 der Stuttg. Uebers. des Lucian) dem Lucian
einen weitläuftigen Roman nach Art der Metamorphosen
des Apulejus zuschreibt, aus dem dann der vorliegende
Ὄνος ein „schwerlich ächter", das soll wohl heissen nicht
von Lucian selbst besorgter Auszug sei. Für eine solche
Ansicht wird man sich indessen umsonst nach irgend einem
Stützpunkt in der Tradition umsehen, und die Wahrscheinlichkeit *a priori* würde sie sogar im allerhöchsten Grade
gegen sich haben.

Zuletzt hat H. Peter Schweiz. Mus. VI 1866 p. 16
Anm. 30 sich über die Frage geäussert. Ihm scheint die
uns erhaltne Erzählung nicht den Character der Satire zu
tragen, den Photius der Schrift des Lucian zuschreibt; er
nimmt daher an, dass dem Photius ein ganz andrer Ὄνος
vorgelegen habe, der, die Metamorphosen des Lucius von
Patrae „stark benutzend", in kenntlicherer Weise die Deisidaemonie verhöhnt habe. Was man sich bei unserm Ὄνος
zu denken habe lässt er im Dunkeln. Zunächst leidet nun
diese Hypothese an grossen Unwahrscheinlichkeiten: wer
wird denn z. B. glauben, dass zur Zeit des Photius der
Kreis der unter Lucians Namen vereinigten Schriften noch

so lose geschlossen war,[1]) dass eine ächte Schrift aus ihm verdrängt und eine unächte an deren Stelle gerückt werden konnte? und was könnte denn der Zweck unserer, also der dritten griechischen Darstellung der Verwandlung des Lucius sein? Aber auch abgesehen davon basirt diese Ansicht auf einer gänzlichen Verkennung des Grundtons unseres Ὄνος, der, wenn auch in weniger greller Weise als andere Schriften Lucians, doch ganz unbestreitbar den Zaubertrödel jener Zeit verspottet.

An innerer Unwahrscheinlichkeit scheint mir auch Couriers Ansicht zu leiden, und, wenn wir denn einmal von Photius abgehen wollen, so wüsste ich nicht, was gegen Wielands Auffassung des Vorgangs sich vorbringen liesse. Eines übrigens will ich hier noch erwähnen. Teuffel scheint das Wiederkehren des Namens Lucius von Patrae lieber als auf die von Wieland vorgeschlagene Art durch die Annahme eines Irrthums des Photius erklären zu wollen, der, eine anonyme Metamorphosensammlung vorfindend, den Erzähler der ersten Geschichte in derselben, eben jenen Lucius, für den Verfasser des ganzen Buches gehalten habe. Dies wäre aber eine Flüchtigkeit, die wir dem Photius um so weniger zuzutrauen berechtigt sind, als er in andern Fällen sorgfältig angiebt, wenn der Verfasser eines ihm vorliegenden Buches unbekannt oder zweifelhaft war (vgl. z. B. cod. XLVIII p. 11 b, 40 ff. cod. CXV p. 91 a, 11 ff. cod. CXVI p. 91 a, 35 ff. cod. CXVII p. 91 b, 26 ff.)

Aber auch Wielands Hypothese stützt sich doch, wie er auch selbst zugiebt, auf nichts als eine vage Möglichkeit

---

1) Selbst der Philopatris wird wohl schon zur Zeit des Photius in die Zahl der Lucianischen Schriften aufgenommen gewesen sein, da er nach einer sehr dankenswerthen Notiz von A. v. Gutschmid im Litt. Centralblatte 1868 N. 24 p. 641, 642 weder im 10ten oder 11ten Jahrhundert verfasst wurde, noch freilich auch im vierten, sondern im siebenten, nämlich um das Jahr 623.

die in den Worten des Photius gar keinen Anhalt hat. Direct abgewichen ist nun er wie alle eben genannten Gelehrten von Photius darin, dass er dessen Angabe von der abergläubigen Haltung der Metamorphosensammlung des Lucius ignorirte; Courier und Teuffel leugnen sogar die Richtigkeit dieser Notiz ganz ausdrücklich. Das mussten sie allerdings, wenn sie jene Sammlung später ansetzen wollten, als den Ὄνος. Denn falls Lucius wirklich wesentlich dieselbe Verwandlungsgeschichte mit feierlichem Ernst vortrug, die Lucian mit unverkennbarer Ironie und schelmischer Grazie erzählt, so ist es mit der Priorität der Lucianischen Schrift vorbei. Denn wer wird wohl für möglich halten, dass diese Lucianische Eselhistorie von irgend einem Menschen für ernsthafte wahrheitsgemässe Ueberlieferung könne gehalten worden sein! Die Scholien zeigen hinreichend, wie sehr den christlichen Byzantinern das Verständniss für Lucianische Ironie abhanden gekommen war; wenn also selbst Photius die schalkhafte Haltung des Ὄνος erkannte, so war eine Verkennung derselben für einen noch innerhalb des antiken Lebens stehenden Schriftsteller geradezu unmöglich. Dass indess überhaupt das Thema dieser Verwandlung ernsthaft habe vorgetragen werden können, erklärt Courier für *„une rêverie toute manifeste"* des Photius, Teuffel für „ganz unglaublich". Das scheint denn aber doch eine gar zu kurze Beseitigung einer ausdrücklichen Angabe des Photius, die, wie oben hervorgehoben wurde, an sich alle Merkmale der Zuverlässigkeit zeigt. Denn was innerlich so ganz Unglaubliches in der Nachricht liege, dass ein untergeordneter Schriftsteller des übermässig abergläubigen zweiten Jahrhunderts ganz ernsthaft und gläubig die Verwandlung eines Menschen in einen Esel erzählt habe, das gestehe ich nicht einzusehen. Es war eben im Punkte des Aberglaubens in dieser Periode der Zersetzung aller vorchristlichen abendländischen Religion nichts unmöglich. Man denke nur an das hier am Nächsten Liegende, z. B. an die hochgebildeten Philosophen in Lucians Philopseudes, die mit wichtiger Miene erlogene oder gläubig aufgenommene Mirakelgeschichten erzählen, die wahrlich an Abgeschmacktheit unserm „Esel" nichts nachgeben; an die Schamlosigkeit, mit der solche Betrüger, wie jener Alexander in Abonuteichos ihren Hokuspokus dem Volke für profunde Weisheit verkauften. Und wenn sich nicht ähnliche Tendenzen in der Litteratur breit machten, welche Pointe hatte dann die Satire des Lucian in der Vera Historia? Zu dem haben wir ja noch in den Sammlungen der Paradoxographen Proben einer solchen Mirakellitteratur. Gerade etwa die ersten Kapitel der Schrift περὶ θαυμασίων des Phlegon von Tralles mögen uns den Ton einer solchen Schriftstellerei vergegenwärtigen. [1]) Endlich haben wir ja im letzten Buch des Apulejus den Beweis, wie eben unsre Eselgeschichte mit feierlicher Rührung von einem zwar hochgebildeten aber von dem mystischen Aberglauben seiner Zeit ergriffenen Autor behandelt werden konnte.

Möglich also ist es sehr wohl, dass Lucius seine Zaubergeschichten gläubig vortrug. Wenn aber Photius in Lucians Libell den Schalk richtig erkannte, warum sollen wir ihm in Bezug auf die andre Schrift eine weniger richtige Auffassung zutrauen?

Wenn wir somit keinen Grund erkennen, die positiven Angaben des Photius in irgend einem Punkte zu bezweifeln, so werden wir auch geneigt sein müssen, bei demselben für die Annahme, dass Lucius der ältere der beiden Schriftsteller sei, irgend welche vernünftigen Gründe vorauszusetzen, die errathen zu wollen, vergebne Mühe wäre. Denn warum sollen wir dem guten Photius einen so verwegnen

---

1) Eine gläubige Metamorphosensammlung scheint selbst die des berühmten Sophisten Adrianos (vgl. Mellmann de auctt. narratt. de mutat. form. p. 87 f) gewesen zu sein: denn darauf dürfte sich der Beiname γότης beziehen, den ihm seine Feinde beilegten: Philostr. v. soph. II 10, 6.

Schluss zutrauen, wie Teuffel p. 251 thut: „Das kürzere
Werk ist (stets) aus dem grösseren entnommen, Lucian
also aus Lucius, Lucius somit älter als Lucian"; ein Schluss
der freilich auf einem sehr bestreitbaren Obersatz beruhen
würde.

Somit wäre jede Hypothese, die Lucian vor Lucius setzt,
unhaltbar.

II.

Es stehen sich also gegenüber eine abergläubige Metamorphosensammlung eines gewissen Lucius von Patrae und
eine lustige Erzählung des Lucian, die eine von Lucius in
den ersten zwei λόγοι seiner Sammlung berichtete Verwandlung eines Menschen in einen Esel kürzer wiedererzählt
und deren Held eben jener Lucius von Patrae ist. Wel-
ches kann nun das Verhältniss dieser beiden Schriften zu
einander sein?

Ich sehe keine andere Möglichkeit als anzunehmen,
dass die kürzere Schrift eine Parodie jenes Abschnittes
der grösseren und eine Satire auf ihren Verfasser sei.
Diesen Sachverhalt hat auch Manso Verm. Schriften II
p. 248—251 schon erkannt oder, da er sich gänzlich ver-
kehrter und nichts weniger als seine Behauptung beweisender
Gründe bediente, vielmehr errathen. [1])

---

1) Die Schrift war mir selbst nicht zugänglich; aus einem mir
durch einen Freund besorgten Auszuge entnehme ich, dass Manso,
nach einer schwachen Polemik gegen Wieland, daraus, dass auch Apulejus dieselbe Geschichte desselben Lucius erzählt, schliesst, dass
Lucian und Apulejus in verschiedener Weise aus einer gemeinsamen
Quelle, eben den Metamorphosen des Lucius, geschöpft hätten. Das
ist, wie wir unten sehen werden, sogar thatsächlich falsch, und immerhin konnte ja Ap. ebenso gut mit Lucius zusammen aus Lucian schöpfen
als mit Lucian zusammen aus Lucius. Wodurch aber das erstere unmöglich werde, hat M. gar nicht gesehen und also auch Wieland durchaus
nicht widerlegt.

Aber, könnte man mit Courier's, freilich in einem andern Zusammenhang geäusserten Worten einwenden, „*comment donc concevoir que de ces deux ouvrages où tout était pareil, l'un fût sérieux, l'autre bouffon? et comment l'exacte copie d'un conte ennuyeux était-elle une satire gaie?*"

Zunächst war nun die Gleichheit der beiden Erzählungen keine so absolute; selbst in dem kurzen Bericht des Photius steht ja noch zu lesen, dass Lucian aus dem Werke seines Vorgängers nur auswählte, was ihm brauchbar schien πρὸς τὸν οἰκεῖον σκοπόν. Er verkürzte also die Darstellung um die Hälfte. Sodann aber konnte er, indem er im Wesentlichen den Gang der Erzählung beibehielt, sehr wohl, wie ein geschickter Zeichner, mit kleinen scharfen Strichen die Physiognomie des Ganzen aus einer ernsthaft feierlichen in eine schelmisch lächelnde verwandeln. Endlich wird die eigentliche und wesentliche Aendernng des Lucian, mit der die ganze Erzählung an sich schon zur boshaften Parodie wurde, eben darin bestanden haben, dass er den Lucius die ganze Verwandlung in einen Esel und dessen lamentable Erlebnisse als ihm selbst widerfahren erzählen liess. Denn dass dies schon Lucius selber in den Metamorphosen gethan habe, ist im höchsten Grade unwahrscheinlich, und wird ja auch im Bericht des Photius durchaus nicht gesagt. Bei dem abergläubigen Ton seiner Erzählung ist es wahrscheinlich, dass er den Stoff dieser Eselgeschichte nicht selbst erfand; und wenn er auch sonst in der Darstellung alter Fabeln als eigner Erlebnisse nicht bedenklicher gewesen zu sein braucht als mittelalterliche Novellisten,[1]) so wird er doch grade diese Eselaffaire schwerlich sich selber vindicirt haben. Er erzählte sie wohl in der dritten Person, möglicher Weise mochte er auch, ähnlich wie dies z. B. in dem Roman des Achilles

---

1) Vgl. z. B. Benfey Pantschatantra I 451. F. Liebrecht in Orient u. Occident I 121 f.

Tatius geschieht, einen Andern in der ersten Person redend einführen.

Bei Lucian nun tritt die Absicht, irgend eine bestimmte Persönlichkeit zu verspotten, ganz klar in der leider verstümmelten Stelle des 55ten Kapitels hervor, in der Lucius, zurückverwandelt, sich vor dem Statthalter legitimirt. Denn worauf anders können die genauen Angaben über den vollen Namen, den Stand und die Familie des Lucius deuten? Was that es zur Sache, dass er ἱστοριῶν καὶ ἄλλων συγγραφεύς, und gar dass sein Bruder Gajus ποιητὴς ἐλεγείων καὶ μάντις ἀγαθός war? Offenbar haben diese Details nur dann einen Sinn, wenn die Absicht war, einen ganz bestimmten wirklich existirenden Schriftsteller zu verhöhnen, auf den alle diese Angaben in der That zutrafen. Bot sich nun für einen verwegenen Spötter ein wirksameres Mittel dar, diesen ihm vielleicht besonders verhassten Vertreter jener abgeschmackten Metamorphosenlitteratur litterarisch zu vernichten, als indem er ihn einmal selbst in die Gestalt eines übelangesehenen Thieres fahren und durch endlose Prügel von seiner dummen Neugier [1]) nach den Geheimnissen der Natur curirt werden liess? Und wie konnte das lächerlicher ausgeführt werden, als wenn er, nur mit geringen Aenderungen, aus der Metamorphosensammlung jenes Mannes selbst eine Fabel herausgriff, und so seine Schriftstellerei zugleich mit seiner Superstition verhöhnte?

Er brauchte dann die Farben der Satire gar nicht dick aufzutragen, denn gerade darin, dass jene wichtig thuende Geheimnisslitteratur durch so geringe Veränderungen lächerlich gemacht werden konnte, bestand ja schon ein guter Theil des Spottes; zu dem ist ja die wirkungsvollste Persiflage

---

1) Die Praedicate ὁ ἀγέρωχος καὶ πάντα περίεργος ἐγώ c. 45 p. 367, 31 (der Bekkerschen Ausg., Band II) hat Lucian gewiss mehr als dem Esel dem in diesem versteckten Lucius zugedacht, dessen Naturell ja nicht mit verwandelt war. (s. c. 15 p. 353, 39, 40.)

die, welche die Thorheiten in ihrer ganzen Lächerlichkeit
hinstellt, ohne sie noch ausdrücklich lächerlich zu machen.
Gerade die erste Geschichte des Lucius mochte Lucian
darum wählen, weil der Esel, als verachteter Typus der
Stumpfsinnigkeit und Dummheit,[1]) an sich schon komisch
wirkte. Auch seiner Lüsternheit wegen war der Esel ver-
rufen;[2]) und so wird man wohl in der Verwandlung des
Lucius gerade in dieses Thier auch eine Verspottung seiner
Vorliebe für ausgelassene Darstellungen sehen dürfen. Daher
denn auch die gegen Lucians sonstige Art durchaus ver-
stossenden schmutzigen Scenen (vgl. Jacob Charakteristik
Lucians p. 184 ff.)

Sicher verband aber Lucian, seiner im Eingang er-
wähnten Gewohnheit gemäss, mit dem Zweck einer persönlichen Satire ganz vornehmlich auch den, die Deisidaemonie
seiner Zeitgenossen im Allgemeinen zu persifliren; wie denn
dies auch Photius als den eigentlichen Zweck der Schrift
nicht mit Unrecht bezeichnet. Beiläufig scheint er auch
die abgenutzte Maschinerie der Romane seiner Zeit ein
wenig lächerlich machen zu wollen. Ganz wie dort wird
die Gefahr immer bis auf den äussersten Punkt getrieben
und dann plötzlich durch ein rein zufällig eintretendes
Ereigniss beseitigt; so die Todesgefahr bei den Räubern
c. 26, die drohende Castrirung c. 34. Und wem fällt nicht
bei solchen Phrasen wie c. 19: ἀλλά τις δαίμων βάσκανος
etc. c. 35 ἡ δὲ πολλὰ πολλάκις δινουμένη καὶ μεταπίπτουσα
Νέμεσις u. s. w. das ewige Herbeiziehen der „neidischen
Tyche" in den griechischen Romanen ein, die dann alle

---

1) Dass er dies auch für die Griechen und Römer war, brauchte
O. Keller zur Gesch. der griech. Fabel (N. Jahrb. Suppl, IV) p. 329
nicht auf solchen Umwegen zu beweisen: vgl. die von Hildebrand
zu Apul. met. VI 2 p. 493 citirten Gelehrten.
2) Vgl. Doehner vindic. Plutarch. p. 71. Die schmarotzenden
Sophisten nennt Lucian pisc. 34 unter Anderm ἀσελγεστέρους τῶν ὄνων.
Daher denn auch dem Priap zu Lampsacus Esel geopfert wurden : s.
Schoemann gr. Alt. II 222.

unmotivirten Sprünge der Autoren mit ihrem unumschränkten Belieben entschuldigen muss. So kehren denn auch die uuvermeidlichen Mittel der griechischen Romane hier wieder, namentlich die unentbehrlichen Räuber, eine Räuberversammlung, wie sie sich z. B. auch bei Xenophon Ephesius V 6 und Chariton I 10 findet und gewiss auch bei älteren Romanschriftstellern fand; eine geraubte Braut u. s. w; nur freilich ist hier überall Held und Mittelpunkt der Erzählung ein — Esel.

III.

Nun erst ist es möglich, auf die Frage, ob Apulejus die Erzählung, die den Kern seiner Metamorphosen bildet, aus Lucian oder aus Lucius schöpfte, eine Antwort zu finden. Die gewöhnliche Annahme ist wohl die, dass Lucius die Vorlage des Apulejus gewesen sei; diese Ansicht wird z. B. ausdrücklich aufgestellt von Salmasius proleg. ad Solin. p. VII (Paris 1629), und auch O. Jahn scheint sie zu theilen, nach einigen Aeusserungen in seinen Archäolog. Beitr. p. 123 und in den Grenzboten 1867 II Sem. N. 51 p. 447 zu schliessen. [1]) Dagegen hat Teuffel Rhein. Mus. XIX 252 f. dafür dass Lucians Erzählung von Apulejus zu Grunde gelegt sei, einige aus chronologischen Betrachtungen geschöpfte Gründe beigebracht, die aber, wenn auch immerhin beachtenswerth, doch keinenfalls im Stande sind, allein eine Entscheidung herbeizuführen.

Was man auch sonst über Lucius und den Ton seiner Erzählung feststellen möge, so viel ist sicher, dass seine Eselgeschichte den doppelten Umfang der Lucianischen hatte. Wenn sich nun ergiebt, dass die aus dem Griechischen übersetzte Haupterzählung des Apulejus genau nur

---

1) S. jetzt Jahns Popul. Aufs. aus der Alterth. wiss. p. 82.

den Umfang des Lucianischen Ὄνος habe, so ist damit schon so gut wie bewiesen, dass er Lucian, nicht Lucius vor Augen hatte.

So verhält es sich aber in der That. Alle Erweiterungen des Apulejus zerfallen in zwei Classen. Weitaus die meisten sind ganz einfach auf die eigentliche Fabel lose aufgenäht und stehen mit der Erzählung selbst in gar keinem Zusammenhang [1]); ein kleiner Theil erweitert in der That die Hauptgeschichte, aber, wohlgemerkt, nicht eigentlich die persönlichen Erlebnisse des Esels. Von dieser zweiten Classe nun characterisirt der grösste Theil sich durch seinen absonderlichen, entweder pathetisch-sentimentalen (VIII 1—14) oder märchenhaft-mystischen (VIII 15—22) Ton als nicht der von Apulejus benutzten Grunderzählung angehörig die, möge sie nun dem Lucian oder dem Lucius nachgeahmt sein, jedenfalls unbestreitbar einen ironischen und von der Masse der griechischen Romane durch Realismus der Darstellung stark abweichenden Charakter und Grundton zeigt. Eine kleine Anzahl von erweiternden Erzählungen, so VII 25—28 und IX 3—4 könnten an sich allenfalls der griechischen Hauptgeschichte angehören; aber sie allein füllen kein zweites Buch.

Es kommt hinzu, dass die Erzählung des Apulejus, wo sie mit der des Lucian zusammentrifft, fast überall so gut wie wörtlich Lucians Ausdruck wieder giebt, und zwar oft in ganz zufälligen Wendungen: so getreu, dass zuweilen gegenseitige Emendation dadurch ermöglicht wird. — Freilich nimmt die Darstellung derselben Dinge bei Apulejus zumeist einen viel grösseren Raum ein als bei Lucian [2]),

---

1) Dahin wird man selbst VII 1—13 rechnen dürfen.
2) Folgende Tabelle wird dies Verhältniss erläutern:
Lucian c. 1—3 ἐκοιμήθημεν = Apulejus I 2. 21. 22. 23. 24. (bis balneas) 26.
Luc. c. 4—10 = Ap. II 1—3. 5. 6. 7. 10. 15. 16. 17.
Luc. 11—16 = Ap. III 19.—22. 24. 25. 26. 29. 29.

indem Apulejus die Worte des Lucian zwar nicht verändert,
aber sie in eine Menge unnützer Redensarten gleichsam
einwickelt. Man wird aber keinenfalls annehmen dürfen,
dass etwa durch solche Verbreiterung des Ausdrucks
Lucius die Geschichte des Lucian zu zwei λόγοι erweitert
habe. Denn diese formellen Zusätze bei Apulejus sind ganz
unfraglich sein eigenstes Eigenthum, ja, ausser der ungeschickten Zusammensetzung des ganzen Werkes und der
noch ungeschickteren Anfügung des letzten Buches, vielleicht das Einzige, was er zu seiner Compilation aus griechischen Quellen selbständig hinzugethan hat¹). Es sind
meistens gedunsene, im höchsten Grade geschmacklose
Phrasen, die dem Lucius schon darum fremd sein mussten,
weil dessen Ausdruck ja σαφής καὶ καθαρός war.

Einen Augenblick könnte es auffallen, dass, mit weni-
gen Ausnahmen, die Namen der gleichen Personen bei
Apulejus und Lucian völlig verschieden sind. Indess wirklich gegen Benutzung des Lucian könnte dieser Umstand
doch nur dann sprechen, wenn etwa an die Stelle nichts-
sagender Namen bei Lucian andre ebenso nichtssagende
bei Apulejus getreten wären; für eine solche Willkür wäre
ein Grund durchaus nicht ersichtlich. Nun sind aber die
veränderten Namen bei Apulejus stets so gewählt, dass sie
den Stand und Charakter der bezeichneten Person andeuten
(vgl. Hildebrand zu Ap. met. II 15 p. 107, VII 5 p. 532,
VIII 8 p. 668, IX 16 p. 791). Es scheint also, als ob
dieser Spielerei zu Liebe Apulejus die vorgefundenen Namen

Luc. 17—22 med. = Ap. IV 1—5 7 8 22—24.
Luc. 22 med.—26 med. = Ap. VI 25—32.
Luc. 27—33 = Ap. VII 14—24 med.
Luc. 34—39 = Ap. VIII 15 23—31.
Luc. 40—45 = Ap. IX 1 2 9—11 32 39 40 41 42.
Luc. 46—53 = Ap. X 13—23 med. 34 (zweite Hälfte).

1) Möglicher Weise könnte der abgeschmackte Excurs über das
Haupthaar II. 8. 9. ein Werk des Apulejus selbst sein; wir kennen ja
jetzt seine physiognomonischen Liebhabereien zur Genüge.

geändert habe; an eine eigne Neuerung des Apulejus wird
man aber um so mehr zu glauben geneigt sein, als dieselbe Bedeutsamkeit der Eigennamen sich auch in den
Partieen seines Buches findet, die ganz entschieden nicht
aus seiner Hauptquelle geflossen sind.

Die Verschiedenheit der Namen spricht also wenigstens nicht gegen eine Benutzung des Lucian; die übrigen Gründe scheinen ganz bestimmt dafür zu sprechen.

Allein gegen alle diese Argumente könnte doch ein Hart-
näckiger sich verschliessen. Wird er auch zugeben müssen,
dass es undenkbar sei, dass, falls die eigentliche Erzählung
des Lucius weitläuftiger war, Apulejus und Lucian ganz
genau dieselbe Auswahl hätten treffen sollen, so könnte er
immer noch erwidern: „warum konnte nicht, so gut wie du
es dem Apulejus zutraust, auch Lucius schon die Erzählung des Lucian einfach herübernehmen und dieselbe durch
rein äusserliche Zusätze zu zwei Büchern anschwellen?
Warum konnte nicht schon er, freilich unschön genug,
Flicken aufnähen, deren Färbung derjenigen der Haupterzählung schreiend widersprach? Die vielfache Uebereinstimmung zwischen Apulejus und Lucian in Einzelheiten
des Ausdrucks darf nicht auffallen, da ja Photius ausdrücklich die oft wörtliche Uebereinstimmung auch des
Lucius mit Lucian constatirt." Alle diese Einwendungen
sind nicht eben von grosser Wahrscheinlichkeit; aber
eigentlich widerlegt könnte doch, von der herkömmlichen
Anschauung aus, eine solche Ansicht nicht werden. Sie
kann es nur dann, wenn wir, auf die vorhergehende Be-
trachtung gestützt, auf's Neue vornehmlich in's Auge fassen,
dass die Schrift des Lucius abergläubig war. Nun gebe
ich zu, dass bei Apulejus, bei dem ja mit der Absicht der
persönlichen Satire der Stachel der sonst anscheinend nur
leisen Parodie wegfällt, die Ironie des Grundtons nicht
völlig so klar hervortritt wie bei Lucian; jedenfalls indess
fasst er die ganze Leidensgeschichte des Lucius als eine

tragikomische, und der Ton ist zum mindesten nichts weniger als abergläubig. Lucius mochte, abgesehen von dem ungelenken Pathos des Apulejus, im Tone etwa mit dessen letztem Buche zusammentreffen; dass nun dieses so äusserst ungeschickt von den übrigen Büchern absticht, ist allein schon ein Beweis, dass für diese nicht der abergläubige Lucius Quelle war. Vor Allem aber spricht der Abschnitt von dem schändlichen Treiben der heuchlerischen Metragyrten, der in dem bittern Sarkasmus der Darstellung durchaus mit Lucian zusammentrifft, entscheidend gegen die Benutzung des Lucius bei Apulejus. Wenn Lucius überhaupt seinen Esel im Dienste der grossen Göttin wirken liess, so gipfelte ohne Frage gerade in diesem Abschnitt seine gläubige Verehrung alles Mysteriösen. Diese Partie also vornehmlich und ferner der lustige Ton des Ganzen beweisen durchaus, dass Lucian für Apulejus die Quelle war; und nun erst treten auch alle vorhin angeführten Gründe in ihr volles Recht

Apulejus also, das wäre das Resultat, legte den Ὄνος des Lucian zu Grunde und häufte um ihn herum eine unförmliche Masse von Schwänken, Hexen-, Gespenster- und Räubergeschichten, die er allen möglichen griechischen Unterhaltungsbüchern entlehnen mochte, die aber zum Theil eine solche Familienähnlichkeit zeigen mit den Mährchen und Novellen, die, von dem buddhistischen Indien ausgehend, im Mittelalter Morgen- und Abendland ergötzten, dass auch einiger historischer Zusammenhang wohl nicht ganz fehlen wird.[1])

---

1) So ist z. B. die mit gar mancher der Apulejanischen Erzählungen verwandte Geschichte von der Matrone von Ephesus höchst wahrscheinlich indischen Ursprungs: s. Benfey, Pantschatantra I 460. Und das von Apulejus seinem Roman nicht eben geschickt eingefügte Märchen von Amor und Psyche hat schwerlich, wie Niebuhr, kl. Schr. 2te Samml. p. 263 meinte, in Italien seine Heimat, sondern ist vielmehr Umbildung einer vermuthlich sehr alten orienta-

IV.

Das Buch des Lucius werden wir uns mit ziemlicher Gewissheit als eine Sammlung von Andern berichteter Verwandlungsgeschichten vorstellen dürfen. Solche Sammlungen von Metamorphosen machten ja eine eigene Litteraturgattung aus, und Lucius mochte sich vor den meisten dieser Sammler nur durch breitere Ausführung auszeichnen. Auf eine blosse Sammlerthätigkeit leiten ausser der Wahrscheinlichkeit a priori und der Gläubigkeit der Darstellung auch die Worte des Photius: ὁ Λούκιος σπουδάζων καὶ πιστὰς νομίζων τὰς μεταμορφώσεις καὶ τὸν ἄλλον τῶν παλαιῶν μύθων ὕθλον καὶ φλήναφον γραφῇ παρεδίδου ταῦτα καὶ συνύφαινεν. Die Quellen waren vermuthlich nicht eben mit grosser Kritik gewählt; wenigstens gehört die einzige, die wir namhaft machen können, zu den allertrübsten. Photius sagt nämlich am Schluss seines Auszuges aus dem Roman des Antonius Diogenes τῶν ὑπὲρ Θούλην ἀπίστων λόγοι κδ', cod. CLXVI p. 111 b, 32 ff.: ἔστι δ', ὡς ἔοικεν, οὗτος χρόνῳ πρεσβύτερος τῶν τὰ τοιαῦτα ἐσπουδακότων διαπλάσαι, οἷον Λουκιανοῦ, Λουκίου, Ἰαμβλίχου, Ἀχιλλέως Τατίου, Ἡλιοδώρου τε καὶ Δαμασκίου· καὶ γὰρ τοῦ περὶ ἀληθῶν διηγημάτων Λουκιανοῦ καὶ τοῦ περὶ μεταμορφώσεων Λουκίου πηγὴ καὶ ῥίζα ἔοικεν εἶναι τοῦτο· οὐ μόνον δὲ ἀλλὰ καὶ τῶν περὶ Σινωνίδα καὶ Ῥοδάνην (Jamblichus) Λευκίππην τε καὶ Κλειτοφῶντα (Ach. Tatius) καὶ Χαρίκλειαν καὶ Θεαγένην (Heliodor) τῶν τε περὶ αὐτοὺς πλασμάτων καὶ τῆς πλάνης ἐρώτων τε καὶ ἁρπαγῆς καὶ κινδύνων ἡ Δερκυλλὶς καὶ Κήρυλλος καὶ Δεινίας ἐοίκασι παράδειγμα γεγονέναι.

Diese Notiz ist zunächst in zwei Theile zu sondern; für Lucians Vera historia, Lucius und Damascius war

---

lischen Erzählung: vgl. Benfey, Pantsch. I 255 f. (Dasselbe schloss übrigens, aus inneren Gründen, schon Schopenhauer, Parerga II 444 f.)

Diogenes nach Photius πηγὴ καὶ ῥίζα, für Jamblichus, Heliodor und Achilles Tatius nur παράδειγμα.

An der letzten Angabe in Bezug auf Heliodor und Achilles Tatius zu zweifeln, ist gar kein Grund vorhanden; jedenfalls lebte ja Antonius Diogenes vor diesen beiden Schriftstellern, und dass ein so weitläuftiges Buch wie sein Roman den Nachfolgern, die ja gewohnt waren, immer die-selben Lappen neu zusammenzunähen, reichlichen Stoff zur Nachahmung bot, ist ganz natürlich, ja, bei dem Verfahren dieser Klasse von Schriftstellern sogar zu erwarten. Dem Heliodor und Achilles Tatius mochte bloss die ganze schwerfällige Maschinerie des Antonius Diogenes zum Vorbild dienen; bei Jamblichus könnte man vielleicht auch in den zahlreichen mirakulösen Berichten, die er seinem Romane eingewebt hatte (vgl. in Herchers Ausg. der Erotici gr. vol. I p. 221, 32. 223, 7 ff. 223, 13. 223, 17 ff. 224, 35 ff.) eine spezielle Nachahmung des Diogenes vermuthen, der für solche Dinge eine wahre Rüstkammer gewesen sein muss. Indess schon dass Jamblichus, der gegen Ende des zweiten und am Anfang des dritten Jahrhunderts lebte, den Antonius Diogenes nachgeahmt, und vollends, dass Lucian und Lucius ihn benutzt haben sollten, muss, nach der gewöhnlichen Ansicht über die Lebenszeit des Diogenes, ganz unmöglich erscheinen. Photius setzt ihn, wenngleich mit vorsichtigem Zweifel „οὐ λίαν πόρρω τῶν χρόνων τοῦ βασιλέως Ἀλεξάνδρου (des Grossen), und seltsamer Weise haben Vossius de hist. gr. p. 137 West. und Koraes Vorr. zu Heliodor p. 9. das ruhig nachgeschrieben; es bedarf kaum des Nachdenkens um diese Annahme als ganz unmöglich zu erkennen. Das sah denn auch schon Solanus zu Luc. ver. hist. 1 (IV 543 Bipont.) ein; er versagte wegen dieses Einen Irrthums dem Photius auch in Bezug auf seine sonstigen Angaben über Diogenes den Glauben und erklärte denselben sogar für jünger als Lucian. In die erste Hälfte des dritten Jahrhunderts n. Chr. setzten ihn

dann auch die meisten der Neueren: so Meiners Gesch.
d. Wiss. in Gr. u. R. I 253, Schoell Gesch. d. griech.
Litt. II. 519 (Pinder), Passow Verm. Schr. p. 86. 87. Hercher
N. Jahrb. f. Phil. LXXVII 177, Nicolai Ueber Entstehung
und Wesen des griech. Romans 2. Aufl. p. 44. Dass indess
ein eigentlicher Grund für eine so späte Ansetzuug nicht
vorliege, hat Chassang hist. du rom. dans l'ant. p. 379 f.
treffend nachgewiesen. Wenn es also möglich wäre, eine
entschiedene Rücksichtnahme auf den Roman des Diogenes
in Lucians Vera Historia nachzuweisen, so wäre dann eben
bewiesen, dass Diogenes mindestens in den Anfang des
zweiten Jahrhunderts zu setzen, [1]) und, was uns hier spe-
cieller angeht, eine der Quellen des Lucius wäre. Denn
dass freilich in dem höchst magern Berichte des Photius
gerade keine μεταμορφώσεις bei Diogenes nachzuweisen sind,
daraus ist noch kein Beweis gegen eine Benutzung desselben auch bei einem Metamorphosensammler zu entneh-
men. Wie viele abenteuerliche Erzählungen mag z. B.
der Bericht des Photius bedecken, dass Deinias und De-
mochares εἰς τὸν ἑῷον ἐμβαλόντες, ὠκεανὸν καὶ πρὸς ταῖς τοῦ
ἡλίου ἀνατολαῖς γεγονότες ἐντεῦθέν τε κύκλῳ τὴν ἐκτὸς περι-
ελθόντες θάλασσαν ἐν χρόνοις μακροῖς καὶ ποικίλαις πλάναις
endlich nach Thule gekommen seien. (p. 233, 13 ff. Herch.)
Ebenso kurz geht Photius p. 235, 15 f. über die Reise von
Metapont zum Zamolis weg, ὅσα τε κατὰ ταύτην τὴν ὁδοι-
πορίαν ἴδοιεν; und p. 235, 26. 27 lässt er alles fort ὅσα
περὶ βορρᾶν αὐτοῖς τεράστια ἀκοῦσαι συνηνέχθη.

---

1) In diese Zeit passt denn auch die Fiction des Diogenes, dass
seine Geschichte auf Tafeln von Cypressenholz verzeichnet, zur Zeit
der Belagerung von Tyrus durch Alexander den Grossen, in einem
Grabe gefunden worden sei; denn gerade damals bedienten Lügen-
schriftsteller sich mit Vorliebe dieser Erfindung. S. Hercher Ueb.
die neue Gesch. des Ptolem. Chennus (Jahrb. f. Philol. Supplem. Bd. I)
p. 278. Aehnliche Geschichten finden sich übrigens in buddhistischen
Schriften: s. Benfey Pantshatantra I 87.

Bei dieser Kürze des Photius ist es denn auch ganz
natürlich, dass sich eine Parodirung des Diogenes in Lucians Vera Historia nur ganz im Allgemeinen erkennen
lässt; gerade darum aber werden diese dennoch erkennbaren schwachen Spuren desto beweiskräftiger sein. Zunächst sagt Lucian selbst I 2 ganz ausdrücklich, dass alle
seine scherzhaften Erzählungen auf die Verspottung irgend
eines bestimmten Vorgängers abzielten, und sicher beschränkte
er sich dabei nicht auf längst verstorbene Fabelerzähler
wie Homer Ktesias und Jambulus. Eine specielle Parodirung
des Antonius Diogenes wird nun ausdrücklich bezeugt vom
Vossianischen Scholiasten, der in dieser Schrift sich durch
einige brauchbare Notizen vor dem bloss durch kirchliche
Gesinnungstüchtigkeit hervorragenden Scholiasten des Ga-
leus auszeichnet. Zu ver. hist. II 12, wo Lucian von der
Insel der Seligen sagt: οὐ μὴν οὐδὲ νὺξ παρ' αὐτοῖς γίγνεται
οὐδ' ἡμέρα πάνυ λαμπρά, ἀλλὰ καθάπερ τὸ λυκαυγὲς ἤδη πρὸς
ἕω (diese drei Worte tilgt Mehler Mnemos. II 58; wie
mir scheint, mit Unrecht) μηδέπω ἀνατείλαντος ἡλίου, τοιοῦτον
φῶς ἐπέχει τὴν γῆν, bemerkt nämlich jener Scholiast: εἰς τὰ
ὑπὲρ Θούλην τερατολογούμενα ἐπισκώπτει, womit doch offenbar
das auch in byzantinischer Zeit noch viel gelesene Buch
des Diogenes: τὰ ὑπὲρ Θούλην ἄπιστα bezeichnet werden soll[1]).
An welcher Stelle seines Romans Diogenes Aehnliches erklärte, können wir zufällig nicht mehr nachweisen; doch
konnte sehr wohl eine derartige Schilderung sich in dem

---

1) Mit ähnlicher Umschreibung spielt auf das sehr bekannte
Buch des Diogenes an Synesius ep. XLVII, s. Chardon de la Ro-
chette mélanges de Critique et de philologie I 53. — Eine Nach-
wirkung des Diogenes möchte ich sogar noch in dem mittelalterlichen
französischen Gedichte Image du monde, einer Art Encyklopaedie, erkennen, worin von einer Insel berichtet wird, nommée Cile (d. i. Thule)
dont l'année n'a qu'un jour et une nuit de six mois chacun (Notices
et extraits V 261): vgl. Diogenes p. 236, 29. 30. Herch. Der geo-
graphische Abschnitt jenes Gedichts ist fast ganz aus den geographi-
schen Fabeln des Alterthums zusammengesetzt.

Bericht über die Erdumseglung des Deinias (p. 233, 13 ff.) oder in dem über die Irrfahrten des Mantinias (p. 235, 4 ff.) finden. — So werden denn auch andere abenteuerliche Erzählungen des Diogenes von Lucian in's Ungeheuerliche übertrieben worden sein: was Diogenes p. 234, 23. 24 von den wunderbaren Augen des Astraeus berichtet, wird ersichtlich überboten von Lucian I 25; den ganzen Aufenthalt auf der Insel der Seligen und nachher an dem χῶρος ἀσεβῶν (II 5—31) mochte Lucian dem Diogenes nachbilden, der (p. 233, 32—35) die Derkyllis in den Hades schickte. Im Anfang seiner Wahren Geschichte kommt Lucian auf den Mond, und von dort auf die Sonne, den Morgenstern und andere Gestirne; gewiss ist darin eine Persiflage des Diogenes zu erkennen, der seinen Mantinias ebenfalls auf den Mond und die Sonne gelangen liess (p. 235, 4—8); ausführlicher entwickelte Diogenes seine Kenntnisse über die Zustände auf dem Monde im 24ten Buche, wo er auch den Deinias einen Abstecher auf dies Gestirn machen liess. Was Lucian II 21 von Phytagoras zu erzählen weiss, könnte sehr wohl eine spöttische Beziehung auf die erlogenen Berichte des Diogenes über Pythagoras und Mnesarch (p. 234, 10—13) haben. Die pseudowissenschaftliche Art, mit der sich Diogenes zur Bestätigung seiner Jagdgeschichten auf ältere Schriftsteller beruft, die wohl zum Theil nie existirt hatten (p. 237, 20 ff. Vgl. Hercher Ueber die neue Gesch. des Ptolem. Chenn. p. 279 und Val. Rose De Aristotelis libror. ord. et auct. p. 14) persiflirt Lucian II 5 mit einer Anführung des Herodot, und am Kenntlichsten und Lustigsten II 42 mit der Berufung auf einen Vers des Antimachus.

Ist es nach diesen verhältnissmässig doch nicht ganz unbeträchtlichen Spuren einer ganz besondern Rücksichtnahme des Lucian auf das Buch des Diogenes höchst wahrscheinlich, dass dieser Roman in der That, wie Photius sagt, für die Münchhausėniaden der Vera Historia πηγη καὶ ῥίζα war, so dürfen wir auch nicht länger zweifeln, der Angabe des Photius gemäss auch für Lucius ein Gleiches anzunehmen. Nur war natürlich der Sinn, in dem Lucius aus diesem Haufen lügenhafter Geschichten sich die Verwandlungen von Menschen in andre Menschen und in Thiere, und von Thieren in Menschen[1]) heraussuchte, demjenigen ganz entgegengesetzt, mit dem Lucian sich vornehmlich dieses Buch, als den crassesten Typus der fabelhaften Reiseberichte, zur Zielscheibe seines Witzes erwählte. Mit ernster Miene, wie sie bei Diogenes geboten wurden, wird Lucius diese Metamorphosen nacherzählt haben; und so, meine ich, mag er auch den Stoff zu userm Ὄνος aus irgend einem alten Fabelbuch entlehnt haben.

V.

In Betreff der persönlichen Verhältnisse des Lucius erfahren wir bei Lucian c. 55, dass er der Sohn eines angesehenen Mannes in Patrae und ἱστοριῶν καὶ ἄλλων συγγραφεύς war; seine Geschichtschreibung mag wohl von jener unkritischen Art gewesen sein, die Lucian in der Schrift

---

1) Verwandlungen von Thieren in Menschen finden sich in orientalischen Geschichten nicht selten (s. Liebrecht zu Gervasius v. Tilbury p. 137 Anm.), im Occident seltner; schon der allgemein verbreitete Glaube, dass mit der Verwandlung nur der Körper, nicht die Seele sich verändre (vgl. Luc. Asin. 13. 15 init. Apul. met. III 26 init. Augustin. civ. dei XVIII 18 Tuti Nameh von Iken p. 28. Gerv. Tilb. dec. III c. 120. p. 51 Liebr.) liess derartige Verwandlungen für Occidentalen unglaublich erscheinen, während sie, aus bekannten Gründen, für Inder gar nichts besonders Wunderbares hatten. Z. B. fab. Aesop. 48 Fur. erzählt von der Verwandlung eines Wiesels in ein Mädchen; das Auffallende dieser Erzählung darf man nur nicht mit Furia durch Corruptel der Ueberlieferung erklären, sondern durch den indischen Ursprung dieser schon früh nach Griechenland gedrungenen Fabel: s. Benfey Pantschat. I 375 f. und danach Keller Gesch. d. griech. Fabel p. 345.

πῶς δεῖ ἱστορίαν συγγράφειν charakterisirt. Der Zeit nach werden wir ihn, falls meine bisherige Beweisführung richtig ist, mit Lucian gleich setzen; denn gegen einen schon verstorbnen Autor gerichtet würde diese sehr persönliche Satire ihren Stachel verlieren. Den vollen Namen des Mannes hat leider c. 55 eine Lücke verschlungen.

Eine Notiz über seinen Lucius könnte Apulejus, nicht zwar, wie Teuffel Rhein. Mus. XIX 243 meinte, in der Einleitung, die sich offenbar nur auf Apulejus selbst bezieht, wohl aber I 2, im Anfang der Erzählung, zu geben scheinen. Es heisst dort: *Thessaliam, nam et illic originis materna enostrae fundamenta a Plutarcho illo inclyto ac mox Sexto nepote eius prodita gloriam nobis faciunt, eam Thessaliam ex negotio petebam.* Es könnte scheinen, als ob Apulejus, der doch keinen Grund hatte, selbständig eine solche Notiz zu erfinden, dies etwa aus einem vollständigeren Exemplar des Lucianischen Ὄνος geschöpft hätte. Allein da ja doch Plutarch und Sextus nicht aus Thessalien stammen, und nichts berechtigt, mit Wyttenbach Plut. moral. I p. XII. den Apulejus ganz zwecklos Unsinn schreiben zu lassen, so ist, trotz Hildebrands Einreden, dieser Satz, der auch in der Form den ungeschickten Fälscher verräth, mit Oudendorp unbedenklich für eine Interpolation zu erklären. Sie rührt von einem Schreiber her, der den II, 3 als mütterlichen Vorfahren des Lucius genannten rein fingirten Plutarch für den berühmten Chaeronenser hielt. —

Unter der Zahl der graecisirten Römer die in jener Zeit unter ihrem blossen Vornamen Λούκιος schriftstellerisch auftraten, unsern Patrenser auffinden zu wollen, wäre vielleicht kein so aussichtloses Unternehmen als es auf den ersten Blick scheint. Denn ein so unendlich verbreiteter Vorname konnte doch unmöglich von einer sehr grossen Zahl von Schriftstellern als einziger Name gewählt werden; wie hätte sich da auch ein Autor περὶ ὁμωνύμων durch-

finden sollen! Indess ist es mir freilich nicht gelungen,
irgend einen Λούχιος jener Periode aufzutreiben, den man
mit einigem Scheine zum Verfasser der von Lucian verspotteten Metamorphosensammlung machen. könnte. Denn
den bei Philostratus vit. soph. II 1, 8 und 9 genannten
Λούχιος, den Freund des Herodes Atticus, mit unserm
Lucius von Patrae zu identificiren, wie Olearius und
Solanus (zu Luc. as. 1) wollten, ist nicht nur durch
nichts motivirt, sondern sogar ganz unmöglich. Denn diesen Lucius nennt Philostratus selbst einen Schüler des
Musonius, und es ist sicher derselbe Lucius, aus dessen
ἀπομνημονεύματα Μουσωνίου Stobaeus seine umfangreichen
Excerpte aus Vorträgen des Musonius schöpfte[1]). Ein be-

---

1) Ich halte bei Philostratus die schon von Olearius vollzogene
Verwandlung des unbekannten Musonius von Tyrus der Handschriften in den berühmten tyrrhenischen Musonius für völlig sicher
und für eben so sicher, dass denselben Lucius, der hier als Schüler
des Musonius genannt wird, Joannes Damascenus (d. h. Stobaeus) mit
der Ueberschrift über einer Rede des Musonius Λυχίου ἐκ τῶν Μουσωνίου meinte (s. Meineke's Stob. IV 162.) Λύχιος schreibt zwar
Meineke vorsichtig im Index; aber diese Form ist wohl nichts als
eine der in der Florentiner Handschr. des Joannes Damasc. sehr
häufigen Namencorruptelen (vgl. Cobet. Mnemos. II 401. 2.); denn
Λουχίου steht, ohne Variante, in dem Index zu Stobäus bei Photius
cod. CLXVII p. 114 b, 7. Ein Schüler des Musonius konnte nun
freilich nicht wohl. wie jener Lucius des Philostratus, die Regierung
des Marc Aurel erleben, und so wird mit Zeller Philos. d. G. III 1
p. 614 f. ein Irrthum des Philostratus in der Zeit oder den Personen
jener Unterredung angenommen werden müssen. Gewiss ist nun,
dass auch alle übrigen Berichte bei Stobäus über Vorträge des Musonius aus demselben Buche stammen wie jener bei Joannes Damascenus; eben den ἀπομνημονεύματα des Lucius. Diese müssen übrigens
einige Zeit nach 105 verfasst sein, denn I 3 p. 150 Peerlk. wird ausdrücklich bemerkt: ἦσαν γὰρ ἔτι τότε — zur Zeit jenes Gespräches
— ἐν Συρίᾳ βασιλεῖς Ῥωμαίων ὑπήκοοι, die letzte Dynastie aber in
Syrien, die von Damascus, wurde 105 von den Römern abgeschafft
(s. Marquardt röm. Alterth. III 1, 184.) Etwa um 105 blühte ja
auch Timokrates, einer der Schüler des Musonius. Denn dieser war
der Lehrer des Polemo (Philostr. v. soph. I 25, 5.) und des Demonax

vorzugter Schüler des Musonius war aber sicher ebenso
wenig abergläubig als der Lehrer selbst und als
etwa Timokrates von Heraklea und Euphrates, die wir
als Schüler des Musonius aus Fronto p. 115 Naber kennen.
Des Timokrates Schüler gehörten zu den eifrigsten Bundes-
genossen Lucians im Kampfe gegen den Lügenpropheten
Alexander (Luc. Alex. 57.), Euphrates aber war ein hefti-
ger Gegner des Apollonius von Tyana, und somit schwerlich ein Freund des Aberglaubens[1]). Das Erforderniss

---

(Lucian Demon. 3), von denen jener gegen 85 geboren ist (s. Kayser
zu Philostr. v. Soph. p. 267), dieser, da er etwa im J. 180 (s.
Fritsche zu Lucian II 1 p. 189 f. seiner Gesammtausg.) fast 100
Jahre alt starb (Luc. Dem. 63), gegen 80. — Als Verfasser der
ἀπομνημονεύματα Μουσωνίου nennt Suidas mit offenbarem Irrthum
den Asinius Pollio; an Valerius Pollio, der unter Hadrian lebte, und
der möglicher Weise mit dem Erzieher des Marc Aurel und Erklärer
des Horaz und Vergil (s. Bergk Ztsch. f. A. W. 1845 p. 119 f. Rib-
beck prol. Verg. p. 116 f.) zu identificiren ist, dachten Küster,
Jonsius, Finckh (Jahrb. f. Philol. 1859 p. 15) Welcker (kl. Schriften II, 567.) und Zeller (Philos. d. Gr. III 1, 653.) Ob nun aber
dieser Pollio, von dem doch weder bekannt ist dass er den Vornamen Lucius führte, noch dass er sich desselben allein als Schriftsteller bediente, mit dem Λουκιος des Joannes Damasc. zu indenti-
ficiren sei (wie Wyttenbach in Gaisford's Stobäus Lips. 1824. IV.
p. 385 wollte) ist sehr zweifelhaft: es konnten ja ganz gut zwei
Sammlungen von Vorträgen jenes berühmten Philosophen existiren,
wie z. B. von den Aussprüchen des Demonax ausser der Lucianischen
noch eine zweite Sammlung vorhanden war (s. Fritsche zu Luc.
II 1 p. 188.) Beiläufig will ich noch bemerken, dass aus dem ein-
maligen Citat Λουκίου ἐκ τῶν Μουσωνίου gegenüber dem sonstigen
kürzeren Lemma: Μουσωνίου, nicht etwa auf zwei von Stobäus benutzte Florilegien zu schliessen ist, wie O. Bernhardt in seinen
quaestiones Stobenses in analogen Fällen zu thun pflegt. Denn Bernhardt hat weder bewiesen dass Stobäus nur zwei Florilegien benutzte
(s. Nietzsche Rhein Mus. XXII 184), noch, bei der übertriebenen
Betonung eines an sich richtigen Princips, die blosse Willkür des
Stobäus (oder seiner Vorgänger) in der Variirung der Lemmata ge-
nügend in Rechnung gezogen.

   1) Schon daraus ergiebt sich die Unwahrscheinlichkeit der Erzählung des Philostratus (vit. Apoll. IV 35), oder vielmehr des hier von

eines kräftigen Aberglaubens würde wohl ein andrer Λούκιος erfüllen, der Freund des äusserst abergläubigen Rhetors Aristides, dessen dieser in dem fünften seiner ἱεροὶ λόγοι gedenkt (I, p. 548. 49 Dind.); aber jene Stelle lehrt auch dass dieser Λούκιος in Athen wohnte.

Seiner ganzen Richtung nach würde vortrefflich hierher passen Λεύκιος der Sohn des Mestrius Florus, der bei Plutarch quaest. symp. VII 4 und in der Schrift *de facie in orbe lunae* auftritt. Den Vater kennen wir aus Sueton Vespas. 22 als einen altfränkischen Pedanten, und der Sohn zeigt sich als eine Autorität in allerlei Ammengelehrsamkeit. Somit könnte man ihm schon die für unsern Lucius vor Allem nöthige sehr starke Dosis von Aberglauben zutrauen. Leider nur scheint weder er noch sein Vater seinen Wohnsitz in Patrae gehabt zu haben; und der Wohnsitz war bei der Unterscheidung dieser Λούκιοι so sehr die Hauptsache, dass man z. B. den Grammatiker Lukios von Tarrha kurzweg ὁ Ταῤῥαῖος nannte. (z. B. schol. Platon p. 333 C. F. Herm.) Wo Florus wohnte ist bei Plutarch nirgends gesagt; aber gerade aus diesem Schweigen scheint mir zu folgen, dass er an dem Orte sich aufhielt, der damals Plutarchs gewöhnlicher Wohnsitz war: diesen brauchte Plutarch dem Sossius Senecio gegenüber nicht zu nennen, während er stets ausdrücklich angiebt wenn er auswärts gespeist hatte. Plutarch nun scheint damals nicht, wie Westphal zu Plut. de mus. p. 28 annimmt, in Chaeronea, sondern in Athen gewohnt zu haben. Darauf leitet, ausser manchen geringeren Indicien, namentlich I 10. Auch von den mit Florus zusammen auftreten-

Philostratus gewiss wenig veränderten Damis, von einem vertrauten Verkehr des Musonius mit Apollonius von Tyana während seiner (des Musonius) Untersuchungshaft in Rom. Darstellung und Chronologie zeigen sonst gerade hier durchaus nicht die Widersprüche die Cobet Mnemosyne. VIII 137 und Hamaker lect. Philostr. p. 112ff. darin zu bemerken glaubten.

den Personen gehören alle, deren Wohnort sich überhaupt
erkennen lässt, nach Athen.[1]) Jedenfalls war des Plutarch
und somit auch des Florus Wohnsitz nicht Patrae, und
das kann uns hier genügen.

Einen Pythagoräer Lukios, der bei Plutarch symp.
VIII 7 auftritt, mit unserm Lucius zu identificiren verbietet
schon sein Vaterland. Plutarch nennt ihn einen Tyrrhener.
An einen andern Λούκιος, der über die Kategorien des
Aristoteles geschrieben hatte und von Bernhardy griech.
Litt. I³ 581 mit dem eben genannten Tyrrhener, von Zeller
Philos. d. Gr. III 1 p. 43 f. mit dem Schüler des Musonius
identificirt wird, wird ohnehin Niemand denken.

VI.

Unabhängig von der übrigen Untersuchung ist die Frage
nach dem Verfasser unsres ῎Ονος. Ich bin zunächst aus-
gegangen von der Voraussetzung, dass diese Schrift mit
Recht unter denen des Lucian stehe, und habe diese
Annahme sogar zum Ausgangspunct der Untersuchung

1) Abgesehen von Reisen, die Florus mit Plutarch gemeinsam
unternommen hatte (VII 2 VIII 10) finden wir den Florus V 7 in der
Gesellschaft des Soklaros, der nach II 6 am Kephissus wohnte; I 9
in der des Theon, der, ausser mit Plutarchs Söhnen und seinem Bruder
Lamprios (VIII 6), mit Soklaros und I 4 mit Kraton zusammen auf-
tritt. Kraton aber finden wir I 1 und II 6 in Athen. Sodann wird
VII 1 mit Florus zusammen genannt Protogenes, der auch in dem
ganz in Athen spielenden neunten Buche auftritt. Endlich weist uns
VIII 1, wo Florus ebenfalls vorkommt, doch entschieden nach Athen.
Die Heimat der sonst mit Florus zusammen Auftretenden (Themistokles
I 9, Syllas, Apollonides, Athryilatos III 3, Apollophanes, Philinos V 10,
Patrokleas V 7, Nikias VII 1, Eustrophos, Caesernius VII 4 und 6.,
Tyndaros, Autobulos VIII 1) lässt sich nicht nachweissen. — Das
Gespräch über die Musik wird übrigens doch in Chaeronea spielen,
wie Westphal annimmt; denn der dort auftretende Arzt Onesikrates
wird symp. V 5 u. 6 mit Lamprias, dem πάππος des Plutarch zusam-
men genannt, der sicher in Chaeronea lebte.

gemacht. Nun könnte es scheinen, als ob die ganze Frage
am Kürzesten sich so erledigen lasse, dass man dem Lucian
zwar die Autorschaft der Schrift abspräche, dann sich aber
einfach an die Aussage des Photius hielte und den Ὄνος für
einen blossen Auszug aus den beiden ersten Büchern jener
Metamorphosensammlung erklärte. Dies ist denn auch die
Ansicht von J. L. Hoffmann, Lucian der Satiriker. Nürn-
berg 1856. p. 70. 71. Indess spricht gegen eine solche
Meinung nicht nur die eben so positive und wie wir gesehen
haben durchaus unanfechtbare Angabe des Photius, dass
der Ton in den Metamorphosen des Lucius ein abergläu-
biger war, sondern auch der ganze Charakter des Ὄνος,
der, nach Couriers richtiger Bemerkung, in seiner abgerun-
deten Geschlossenheit durchaus gar keine Spuren eines
blossen Auszuges zeigt. Somit würde die Frage nach dem
Autor des Ὄνος diejenige nach seinem Verhältnisse zu den
Metamorphosen des Lucius gänzlich unberührt lassen und
alles bisher Vorgetragene könnte richtig sein, auch wenn
Lucian nicht der Verfasser unsrer Schrift wäre.

In der That glaube ich nun, dass, falls meine übrige
Auffassung zutreffend ist, Niemand zum Verfasser des Ὄνος
passender sogar ausgewählt werden könnte als Lucian, den
uns doch zunächst auch die Handschriften als solchen
nennen. Denn wem könnte man einen so kecken und witzigen Einfall als es diese drastische Anwendung eines argu-
mentum ad hominem unleugbar ist, leichter zutrauen als
dem Lucian, der uns von der gefährlichen Schärfe seines
rücksichtslosen Spottes so manche ergötzliche Probe hinter-
lassen hat? Wo es gilt einen Widersacher, der „die Grille'
an den Flügeln gepackt" hatte, zu strafen, da setzt er seinem Witz nicht leicht eine Schranke; persönliche Erregt-
heit und die unbezwingliche Lust an boshaftem Witz lassen
den leidenschaftlichen Mann stets die schärfsten Waffen
wählen. Seine Bedeutung in der Litteraturgeschichte aber
verdankt er namentlich dem Umstande, dass seine per-

sönlichen Gegner meistens zugleich Gegner der Wahrheit
waren, Heuchler und Dunkelmänner aller Arten. Die heitre
Klarheit und Schönheit des Hellenenthums gegen die immer
mächtiger andrängenden inneren und äusseren Feinde zu
schützen, war das eigentliche Pathos seiner ganzen Thätig-
keit, und wenn auch gewiss die meisten seiner Schriften
auf gelegentliche Veranlassung entstanden sind, so lässt
sich doch die Absicht nicht verkennen, diejenigen Richtungen systematisch zu bekämpfen, die Lucians tiefgehendes
Wahrheitsbedürfniss besonders verletzten. Es begegnet ihm
wohl, dass er, wie im Peregrinus Proteus, bedeutsame Zeit-
richtungen, die freilich dem Hellenenthum völligen Tod
drohten, ziemlich oberflächlich verwirft, aber mit grösserem
Rechte kämpft er in Zorn und Spott gegen den Aberglauben,
an den Leben und Litteratur des alternden Hellenismus sich
klammerten, bevor dieser gänzlich versank. Den Schriften
dieser Richtung nun, dem Alexander, dem Philopseudes,
der Vera historia, würde sich, wie mir scheint, der Ὄνος
nicht unebenbürtig anreihen. Namentlich darin auch würde
der Ὄνος den beiden letzten der genannten Schriften sich
anschliessen, dass in ihm dasselbe Mittel zu heiterster
Karrikirung benutzt wird, das jenen Schriften für die Zeitgenossen das eigentliche Salz gab: die Verwendung gläubig
erzählter Wundergeschichten zu parodischen Zwecken. Und
wenn auch in der Vera historia die Verzerrung eine viel
stärkere ist als im Ὄνος, so können wir im Philopseudes
dagegen zum Theil mit Sicherheit dieselbe geringe Umän-
derung der abergläubigen Fabel nachweisen [1]), die im Ὄνος
gerade die Feinheit der Ironie ausmacht.

---

1) So namentlich in der Geschichte von dem Gespenst in Korinth
c. 31, die nur eine unbedeutend abweichende Variirung der dem Atheno-
dorus nacherzählten Gespenstergeschichte bei Plinius epist. VII. 27
ist. Die absurde Schlangengeschichte c. 12 erkannte schon der Scholiast des Vossius als eine Verspottung der τελεστικά des jüngeren
Julian; in dem syrischen Wunderthäter c. 16 sieht Fritzsche mit

Aber freilich zeigt diese Schrift in ihrem Stil und
und ihrer ganzen Färbung Eigenschaften, die den uns an
Lucian sonst bekannten stark widersprechen; und diese
Differenzen mögen es gewesen sein, die zuerst Tanaquil
Faber und nach ihm so treffliche Kenner des Lucian, wie
Im. Bekker, W. Dindorf, Jacobitz, Cobet (V. L.
p. 260) und Fritzsche (zu Philops. 7, I 2. p. 108) bewogen
haben, der Schrift Lucianischen Ursprung abzusprechen;
leider hat nur bis jetzt keiner von diesen Gelehrten seine
Gründe entwickelt.

Zunächst bemerkt man an dem ῎Ονος einen Vorzug,
der dem Lucian sonst nur in geringem Maasse eigen ist.
Nach der Art geistreicher, aber mehr passiv skeptischer
als dichterisch productiver Schriftsteller lässt Lucian in
seinen unbezweifelt ächten Schriften seine Persönlichkeit so wenig zurücktreten, dass sie vielmehr der eigentliche Mittelpunct der meisten ist. Selbst wo einmal nicht
direct seine Person auftritt, da erkennt man doch hinter
den verschiedenartigsten Masken leicht die Züge des Lucian
wieder; man kann kaum sagen, dass Lucian in diesen verschiedenen Rollen auftrete, vielmehr ist es als ob jene Personen den Lucian spielten. Mit diesem Uebermaass von Sub-
jectivität hängt es denn zusammen, dass er, ein Meister des
scharfen Dialogs und der geistreichen Diatribe, doch nirgends
eigentliches Erzählertalent beweist. Unsere Schrift dagegen hat in der ruhig und objectiv gehaltenen Erzählung
einen ganz unleugbaren Vorzug; nicht als ob sich hier etwa
die dem Lucian mangelnde dichterische Productionskraft
kund gäbe, aber der Verfasser scheint jene ruhige Unbe-

Recht den älteren Julian. Endlich ist es ja wohl keine Frage, dass
die durch Goethe's Benutzung berühmt gewordene vortreffliche Erzählung von dem Wasser tragenden ῞Υπερον, c. 36, nicht von Lucian selbst
erfunden ist. Einige Aehnlichkeit hat übrigens, in dem zu Grunde
liegenden Glauben, die von Benfey Pantschat. I 497 erwähnte buddhi-
stische Sage.

fangenheit zu bewähren, die, wenn auch in nichts Andrem, doch in der Kunst des Erzählens einen Vorsprung vor der unruhig bewegten Art geistreich reflectirender Schriftsteller hat. Nun wäre es aber an sich doch nicht undenkbar, dass Lucian einmal, im Interesse der künstlerischen Darstellung, seine Individualität ganz zurückgedrängt hätte [1]), und doppelt erklärlich würde diese Abweichung von seiner sonstigen Art sein, wenn Lucius, sonst zwar sicher dem Lucian in allen Puncten nachstehend, doch in der schlichten Angemessenheit des Vortrags ihn übertroffen hätte, und Lucian nur nicht thöricht genug gewesen wäre, um in diesem Puncte sich von Lucius zu entfernen. Neben der Erzählung gewann damit auch die Feinheit der Persiflage; denn sicher wirkt diese einfache Darstellung lustiger als die witzelnde Satire der Vera historia.

So glaube ich denn auch, dass die ganz bedeutenden Abweichungen unsrer Schrift von Lucians sonstigem Stil und Ausdruck uns doch noch nicht nöthigen können, ihm dieselbe abzusprechen. Es ist wahr, die ganze Farbe des Stils sticht von Lucians Schreibart sehr stark ab. An Stelle seiner regen Lebhaftigkeit und Beweglichkeit zeigt sich hier eine etwas phlegmatische Langsamkeit. Man vermisst die wohlgegliederte Klarheit und Fülle des Lucianischen Satzbaues; was ein gewandter Stilist in Vorder- und Nachsatz in Beziehung und organische Verbindung gesetzt haben würde, wird hier lose auf einander gepackt; das einzige καί muss oft in ermüdender Wiederkehr die reiche Mannich-

---

[1]) Es möge erlaubt sein ein modernes Analogon zu vergleichen; die psychologischen Möglichkeiten bleiben ja gleich, und moderne Fälle haben den Vorzug grösserer historischer Sicherheit. Diderot, sicher einer der subjectivsten aller grossen Autoren, hat doch seine Persönlichkeit, die selbst in den gelehrten Artikeln der Encyclopaedie noch zuweilen hervortritt, gänzlich zurückgedrängt in der Religieuse, dem einzigen Beispiel von grösserem Umfang, mit dem er bewiesen hat, „dass er der vollendeten Kunst des Erzählens ohne subjective Episoden fähig war". Rosenkranz, Diderot II. 393.

fältigkeit der griechischen Conjunctionen ersetzen [1]). Zuweilen fehlt sogar alle Verbindung an Stellen, wo ein sorg-
fältigerer Schriftsteller sich schwerlich ein Anakoluthie
erlaubt haben würde [2]).

So ist der ganze Satzbau zwar nicht gerade ungelenk
oder unklar, zeigt aber im Gegensatz zu Lucians sonstiger
übermüthig geistreicher Manier ein gewisses Gepräge schlich-
ter Einfalt und Treuherzigkeit, die sich freilich zuweilen
ziemlich absichtlich ausnimmt. So scheint die unnöthige
Breite, mit der oft dasselbe Wort wiederholt wird [3]) und

---

1) Als Beispiele von gehäuftem καί vergleiche man: c. 1 p. 348,
5 ff., Bekker. c. 4 p. 349, 20, c. 11. p. 352, 17, c. 16 p. 354, 12 ff.,
c. 16 p. 354, 24 f., c. 38 p. 364, 19 ff., c. 39 p. 364, 36 ff., c. 41
p. 366, 5 ff., c. 42 p. 366, 16 ff., c. 44 p. 367, 6 ff., c. 46 p. 368,
22 ff., c. 53 p. 371, 31 ff. Von sonstigen Conjunctionen findet sich
ausser καί — δέ, μέν, δέ, γάρ und ἀλλά: οὖν, wenn ich richtig gezählt
habe, 16 Mal, δή 6 Mal, ἀλλά δή 1 Mal, ἀλλά μήν 2 Mal, ἄρα 1 Mal,
καί μήν καί 8 Mal. Endlich γέ nur in den Verbindungen εἴ γε (c. 6
p. 350, 13), καί — γέ (c. 16 p. 354, 12, c. 31 p. 361, 36, c. 56 p. 373, 9)
und δέ γε (c. 48 p. 369, 18). Γέ liebten einige spätere Schriftsteller
überhaupt nicht; schon Parthenius kennt nur εἴ γε und δή γε.
Nonnus nur ὅ γε (s. Meineke, anal. Alex. p. 302), Longus nur καί
τοι γε und ὅ γε, Apollodor scheint γέ ganz vermieden zu haben
(Hercher erot. gr. I. p. xxxix). Mit Unrecht dagegen spricht Meineke
an. Al. p. 337 auch dem Xenophon Ephesius den Gebrauch von
γέ ab: s. Hercher erot. I p. LVI. Dafür kennt derselbe weder γοῦν
noch καί — δέ (s. Hercher a. a. O. p. LII und XLIX).

2) Vgl. c. 26 p. 359, 20, c. 41 p. 365, 46. — c. 18 p. 355, 21 ist
das nur aus dem sehr stark interpolirten Paris. Δ aufgenommene καί
wohl zu streichen, wie auch Courier p. 217 fühlte. Ebenso das von
Solanus eingesetzte γάρ c. 40 p. 365, 25, (vgl. Courier p. 279).
Das οὖν c. 49 p. 369, 38, das ebenfalls nur aus Δ stammt, hat schon
Jacobitz mit Recht weggelassen.

3) Vgl. Courier zu c. 18 p. 217 zu c. 34 p. 261. Vgl. noch
c. 31 p. 361, 34: καί οὕτω λοιπόν ἀκινδυνότερον ἐβάδιζον τῆς ὁδοῦ τό
ἐπίλοιπον. Für das Wort λοιπόν zeigt überhaupt die Schrift eine
seltsame Vorliebe, die sie übrigens mit manchen späteren Autoren
theilt. Zuweilen, wie z. B. c. 31 p. 361, 29, hat das Wort eine sehr
abgeschwächte Bedeutung, entsprechend etwa dem lateinischen *iam*.
Auch das ist bei späten Schriftstellern nicht selten: s. Dorville zu
Charit. p. 309 f. (Vgl. z. B. Achill. Tat. II 26, 1 p. 78, 23 Hercher

die bisweilen mehr als dichterische Freiheit, mit der die Worte durcheinander gestellt sind [1]), die nachlässige Ungezwungenheit mündlicher Erzählung wiedergeben zu sollen. — Dies Alles ist durchaus den sonstigen Stileigenthümlichkeiten des Lucian zuwider. Auch in Einzelnheiten finden sich Abweichungen von Lucians eleganter Form. Präpositionen finden eine incorrecte Anwendung [2]), der Genetiv wird einmal zur Bezeichnung der Zeitdauer gebraucht [3]),

Theod. Prodr. VII 417; fünfmal in einem Capitel bei Pseudocallisthenes I 19.)

1) Vgl. c. 38 p. 364; 15 f., c. 44 p. 367, 7 f., c. 47 p. 368, 32, c. 56 p. 373, 15 f.

2) οἰκοῦντα ἐς τὰ Ὕπατα, c. 1 p. 348, 7; man sieht nicht recht, ob hier plebejische Nachlässigkeit oder ungeschickte Nachahmung dichterischen Sprachgebrauchs vorliegt: denn sowohl bei späten Prosaikern als bei Dichtern finden sich analoge Beispiele; vgl. für jene Reitz im Bipontiner Lucian VI p. 467, für diese Lobeck (p. 108 ed. II) und G. Wolff zu Sophocl. Aj. 60. Vereinzelte Beispiele finden sich übrigens selbst bei älteren Attikern: s. Krüger, Sprl. 50, 8, 18. Ganz unserm Falle analog ist Theod. Prodr. VII 32: εἰς Πίσσαν οἰκεῖς, den freilich wohl nur die Versnoth, der er ja oft noch viel weiter gehende Concessionen machte (s. Hercher erot. II p. XLVI ff.) zu dieser Construction veranlasst hat. πέμπει παρ' ἐμοί c. 2 p 348. 25 wird indessen wohl nur Abschreiberversehen sein; wenigstens hat man das analoge ἧκε παρά σοι bei Lucian dial. mort. XX 8 mit Recht in παρά σε umgeändert.

3) ἔοικα δ'ἐνταῦθα διατρίφειν (dies ist freilich eine ächt Lucianische Ausdrucksweise: s. Sommerbrodt zu Luc. Char. 6 g. E.) τριῶν ἢ πέντε ἡμερῶν. Das ist allerdings sehr incorrect, aber doch nicht so gänzlich „inauditum", wie A. du Mesnil, grammatica quam Lucianus secutus sit, Progr. Stolp. 1867 p. 8 meint, wenn auch die Grammatiker von dieser Anwendung des Genetivs schweigen. Sie findet sich nämlich an fünf Stellen des Achilles Tatius: III, 9, 1 p. 96, 17 Hercher: ἐνδιατρίψαντες οὖν ἡμερῶν δύο III 24, 3 p. 109. 15, V 1, 1 p. 129, 15, VIII 16, 7 p. 210, 6. 7, VIII 19, 2 p. 213, 3. Vgl. noch Jacobs zu Ach. Tat. p. 640 f. — Kurz vorher steht ὁπόσαις (so Reitz, εἰ πάσαις die Hss.) ἡμέραις αὐτοῦ προσμενῶ, woran Cobet V. L. p. 260 starken Anstoss nimmt; aber dieser Gebrauch des Dativs ist wenigstens bei Lucian durchaus nicht ohne Beispiel: s. du Mesnil p. 8.

es kommen unattische, von Lucian vermiedene Wörter [1]),
Conjugationsformen [2]) und Constructionen [3]) vor.

———————

[1]) πετεινός: c. 24 p. 358, 24: „ἀδόκιμον" nach Thom. Mag
p. 272, 6 Ritschl; die Attiker, und auch Lucian, brauchen nur πτηνός:
s. Steph. Thes. s. v. — c. 37 p. 364, 1 εἱλίσσοντες; das Wort ist
nur in schwungvoller Rede gebräuchlich (s. Courier p. 268), die
Form mit ει älteren Autoren nachgeahmt: s. Lobeck zu Phryn.
p. 30. Krüger Sprl. II §. 39, p. 117. — c. 38 p. 364, 34 δυσωπεῖν
= scrupulum inculere; nur bei späteren Schriftstellern gebräuchlich:
s. Lobeck zu Phryn. p. 190. — c. 6 p. 350, 32 συναναχλίνεσθαι
statt συγκαταχλίνεσθαι, schon von Cobet V. L. p. 261 getadelt. Mit
Vorliebe braucht dies Wort Eustathius de am. Hysm. (vgl. I 7, 2
p. 164, 23 Hercher I 14, 1 p. 168, 25, II.12, 1 p. 176, 29, III 5, 2
p. 183, 1, III 10, 1 p. 187, 20, V 9, 2 p. 207, 4), freilich nicht eben
das eleganteste Sprachmuster — c. 15 p. 360, 31 ὄρει ἐν λιθίνῳ
für λιθώδει (s. Courier p. 245); wofür ich gar kein zweites Beispiel
kenne. — c. 32 p. 362, 13 σκορπίζειν, dem Lucian unbekannt, sonst
bei Späteren nicht selten (vgl. Lobeck Phryn. p. 218). Dasselbe
gilt von λυχνία für attisches λυχνίον c. 40 p. 365, 21 (s. Lobeck
Phryn. p. 314) ἔκτοτε c. 45 p. 368, 1 (s. Lobeck Phryn. p. 46,
Krüger Sprl. 66, 1, 4). — c. 30 p. 361, 9 χαμόθεν, hellenistisch
s. Moeris p. 409, von Cobet V. L. p. 89 mit Unrecht in das atti-
sche χαμᾶθεν verwandelt; s. Fritzsche zu Luc. Philops. 7. I 2
p. 108.

[2]) c. 27 p. 359, 34 συναποδράσαντος, mit Unrecht von Cobet
V. L. p. 86 in συναποδράντος verändert; denn dieser Aor. I findet sich,
wenn auch nicht bei Lucian, doch sonst bei guten Schriftstellern: s.
C. L. Struve opusc. II 72. — Ebenso unrichtig corrigirt Cobet
p. 83 das προσδέουσι, c. 38 p. 364, 28, in προσδοῦσι, da die uncon-
trahirte Form bei späteren Autoren nicht selten ist (s. Lobeck zu
Phryn. p. 221), Lucian freilich mochte sie nicht anwenden. — c. 33
p. 362, 32 ἀπολέσων für ἀπολῶν, eine Form, die z. B. auch Longus
anwendete (vgl. Hercher zu Long. p. 298, 1. Vorr p. XLVI) — c. 6
p. 350, 32 καθευδήσῃ: s. Cobet V. L. p. 261. — c. 34 p. 363, 3.
ἁρπάξαι, was freilich eben so gut wie in Hss. attischer Schriftsteller
(s. Lobeck Phryn. p. 241) nur den Abschreibern angehören mag. —
c. 33 p. 362, 26 ἔρῳ (vgl. du Mesnil p. 4, Courier p. 259) beruht
nur auf ΓCA, der geringeren Handschriftclasse; die bessere hat ἔρωτι.

[3]) ἐπὶ τὴν γυναῖκα ἀναβήσεται, c. 52 p. 371, 22 f., hellenistisch statt
τὴν γ. a. (s. Pierson zu Moeris p. 3. 4). Andres Anstössige findet
seine Erledigung durch Cobets Emendationen V. L. p. 261 f. p. 160.
ὀλίγον ἐδέησαν c. 38 p. 364, 29 konnte derselbe unverändert lassen:
s. Fritzsche zu Icaromen. 5 (II 1 p. 129).

An sich nun und bei der gewöhnlichen Auffassung des
Ὄνος würden allerdings diese bedeutenden Abweichungen
von Lucians Manier vollständig berechtigen, ja nöthigen,
diesem die Schrift abzusprechen. Sieht man aber in dem
ganzen Libell eine Parodie, so wird man auch in dieser
Unbeholfenheit und Unreinheit des Ausdrucks nur ein Mittel
der Satire erkennen. Der unentwickelte Satzbau passt treff-
lich zu der schlichten Darstellung des Ganzen, und in der
Einmischung von allerlei kleinen Unebenheiten des Ausdrucks, wie sie dem guten Lucius als gebornem Römer
ankleben mochten, konnte die Persiflage gerade einen besondern Reiz suchen. Wie viel Behagen Lucian und seine
Zeitgenossen an solcher Aufmutzung kleiner Sprachschnitzer
fanden, zeigen ja sein Lexiphanes und Soloecista zur Genüge
(vgl. auch Pseudol. 24). An sich schon gehörte eine paro-
dirende Wiedergabe von Ton und Ausdruck des Lucius zur
vollen Ausführung von Lucians Plan; zum Ueberfluss aber
bestätigt auch Photius, dass Lucian aus Lucius herüber-
genommen habe, was seinem Zwecke nicht widersprach
αὐταῖς λέξεσι καὶ συντάξεσιν. Dass nun der Patriarch
dem Lucius nachrühmt, er sei τὴν φράσιν καθαρός gewesen
und habe τὴν ἐν λόγοις καινοτομίαν vermieden, kann dem
gegenüber nichts bedeuten: in Bezug auf Reinheit des Ausdrucks waren die Byzantiner nicht eben sonderliche Kenner.
Richtiger mag sein, dass er τὴν φράσιν σαφής und φίλος
γλυκύτητος gewesen sei: denn unklar ist auch in Lucians
Parodie der Ausdruck nicht, und ganz amusant konnte
schon die Darstellung des Lucius selbst sein; dies nämlich
scheint etwa γλυκύτης bei Photius zu bezeichnen (vgl. cod.
VI p. 3 *b*, 33. cod. XLIV p. 9 *b*, 23. cod. LX p. 19 *b*, 20.
cod. LXXIII p. 50 *a*, 8).

Somit werden wir in all jenen Stilmängeln keinen Grund
gegen Lucianischen Ursprung des Ὄνος zu sehen haben,
sondern vielmehr eine karrikirende Wiedergabe des unge-
feilten Ausdrucks des verspotteten Buches; eine Stilpersi-

flage wie sie auch Neueren in ähnlich parodistischen Büchern gelungen ist und einem so feinen und empfindlichen Sprach- kenner wie Lucian doppelt leicht werden musste.

Eines aber ist völlig sicher: selbst wenn Lucian trotz Alledem nicht der Verfasser des ῎Ονος sein sollte, so konnte doch dessen unbekannter Verfasser nicht „aliquanto serius“ als Lucian leben, wie Cobet V. L. p. 260 behauptet. An sich ist ja in dieser späten Zeit, in der ein correcter grie- chischer Stil erst aus Büchern mühsam erlernt werden musste, grössere oder geringere Güte des Ausdrucks we- niger für die Lebenszeit als für den Fleiss eines Schrift- stellers beweisend. Unser ῎Ονος aber kann schon darum nicht später als in der zweiten Hälfte des zweiten Jahr- hunderts n. Chr. geschrieben sein, weil Apulejns, wie oben gezeigt worden ist, ihn seinem Roman zu Grunde gelegt hat.

Lange nachdem der vorstehende Aufsatz abgeschlossen war, kam mir folgende Broschüre zu: *de Luciano libelli qui inscribitur Lucius sive Asinus auctore scripsit C. F E. Knaut. Lips.* 1868. Hier ist dasselbe Thema sehr eingehend be- handelt; indessen scheint mir dadurch meine eigene Ab- handlung um so weniger überflüssig geworden zu sein, als Herr Knaut nicht nur zu einem ganz andern Resultat ge- langt ist, sondern auch den Schwerpunkt der ganzen Frage ganz anderswo sucht, als ich. Er nimmt nämlich an, dass die Lucianische Erzählung die älteste sei: diese habe dann, etwas breiter ausgeführt, in einer anonymen Metamorphosen- sammlung, eben der, die Photius unter dem Namen des Lucius von Patrae kenne, Aufnahme gefunden; die so er- weiterte Erzählung endlich habe Apulejus zur Grundlage seiner Metamorphosen gemacht.

Dies Resultat konnte natürlich nur erreicht werden,
indem Herr Knaut, gleich den meisten seiner Vorgänger,
die Wichtigkeit der Angabe des Photius verkannte, wonach
der Ton jener Metamorphosensammlung des Lucius von
Patrae durchaus abergläubig war. Gerade diese Notiz nun
aber ist es, die mir allein Licht in die ganze Angelegenheit zu bringen scheint.

Aber selbst, wenn Herr Knaut den, freilich schwerlich
erfolgreichen, Versuch gemacht hätte, jene Angabe mit
treffenden Gründen als unglaublich zu erweisen, würde ich
ihm doch die Gültigkeit seiner Annahmen über das Verhältniss von Lucius zu Lucian und Apulejus nicht zugeben
können. Denn nach Beseitigung jener Angabe stände allerdings wohl nichts im Wege, den Lucius für die Vorlage
des Apulejus zu erklären; aber beweisen liesse sich eine
solche Annahme schlechterdings nicht: wie denn das auch
z. B. Otto Jahn Grenzboten 1867 II. Sem. Nro 51 p. 447
(= „Aus der Alterthumswissenschaft" p. 82) zugesteht.
Herr Knaut versucht freilich darzuthun, dass ein Theil der
Erweiterungen der Fabel bei Apulejus aus Lucius geschöpft
sei. Nun wäre ja, falls es wirklich möglich wäre, die
Glaubwürdigkeit jener wichtigen Notiz des Photius zu er-
schüttern, die Möglichkeit nicht abzuleugnen, dass jene,
übrigens nach Herrn Knauts eignem Beweise, mit der eigentlichen Geschichte stets nur sehr lose verknüpften Zusätze
aus der Hauptquelle des Apulejus stammen, und nicht aus
beliebigen andern griechischen Fabelsammlungen zugesetzt
seien; vergebens aber wird man sich bei Herrn Knaut
nach irgend welchen Gründen umsehen, wodurch diese sehr
unbestimmte Möglichkeit zur Wahrscheinlichkeit
oder gar Gewissheit erhoben würde. Gleichwohl schliesst
Herr Knaut nur hieraus, dass Lucians Schrift die ältere,
und Lucius der Vermittler zwischen ihm und Apulejus sei.
Um nun der, so entstehenden, schon von Teuffel bemerk-
ten, chronologischen Schwierigkeit zu entgehen, ist Herr

Knaut genöthigt, die Abfassungszeit des Ὄνος in Lucians früheste Jugend zu setzen; womit er zugleich die gegen Lucians Autorschaft sprechenden sprachlichen Bedenken gehoben zu haben meint. Diese sprachlich - stilistischen Schwierigkeiten aber veranschlagt Herr Knaut meines Bedünkens viel zu gering. Denn trotz aller von Herrn Knaut aufgewendeten Sorgfalt kann ich doch nicht zugeben, dass aus den p. 33 ff. zusammengestellten dem Verfasser des Ὄνος mit Lucian gemeinsamen Spracheigenthümlichkeiten irgend etwas für den ächt Lucianischen Ursprung unserer Schrift folge. Zunächst nämlich liesse sich leicht nachweissen, dass unter all' jenen Spracherscheinungen kaum Eine dem Lucian allein oder mehr als anderen spätgriechischen Autoren eigen ist. Selbst im günstigsten Falle aber würde daraus denn doch nichts weiter folgen, als dass in diesen Ausdrücken und Wendungen der Verfasser des Ὄνος von Lucian nicht abweiche. Was will aber dieser negative Beweis sagen gegenüber dem sicher stehenden Factum, dass in dieser Erzählung eine beträchtliche Anzahl, nicht nur von Lucians sonstiger Schreibweise, sondern von jedem correcten Ausdruck abweichender Wörter und Constructionen sich finde? Diese Soloecismen hat Herr Knaut sorgfältig gesammelt, ohne indess ihre ganze Schwere gehörig zu betonen. Vor Allem aber hat er durchaus nicht gebührend hervorgehoben, dass die ganze Physiognomie des Stils, wie sie sich in der Art des Satzbaues und namentlich auch im Gebrauch der Partikeln ausprägt, eine von Lucians sonstiger Art ganz und gar verschiedene ist. In der That könnte man mit grösserem Rechte Herrn Knauts Beweisverfahren umkehren, und in diesem Schriftchen ausser anderm auch manche der von Lucian sonst mit so grosser Vorliebe gebrauchten Partikeln, wie γοῦν, τοιγαροῦν, πλὴν ἀλλά u. s. w., vermissen; denn gerade die starke Verwendung dieser und ähnlicher Partikeln trägt nicht wenig zu der eigenthümlichen Färbung des Lucianischen

Ausdrucks bei (vgl. Sommerbrodt Einleit. zu Luc. p. XXII.)

Wenn nun aber Herr Knaut die Härten und Seltsamkeiten des Stils durch die Annahme, dass wir hier ein Jugendwerk Lucians vor uns hätten, erklären will[1]), so vermisse ich dafür jede Begründung. Denn weder das gänzliche Fehlen alles rhetorischen Prunkes, noch die satirische Tendenz der Schrift passt im Geringsten zu dem Character der sicher aus Lucians frühester Schriftstellerperiode stammenden Schriften. Vor allem aber zeigt der Stil des Ὄνος, worauf es doch hauptsächlich ankommt, mit den frühesten Schriften Lucians in keinem einzigen Punkte grössere Aehnlichkeit als mit den in reiferen Jahren verfassten. Zu den ersten Producten des noch unbekannten Schriftstellees gehören ohne Frage Harmonides, Herodotos, Zeuxis. Wo findet man nun da ähnliche Flecken im Ausdrucke? Wo eine gleiche Ungelenkigkeit des Satzbaues? Der Stil dieser Jugendarbeiten ist weicher, gerundeter, liebenswürdiger möchte ich sagen, als derjenige der spätern Schriften; aber die höchst eigenthümlichen Züge des zu männlicher Kraft erstarkten Lucianischen Ausdrucks sind eben so unverkennbar in ihnen schon vorgebildet, als sie im Ὄνος fehlen. Vor Allem ist auch in den frühesten Schriften jene graziöse Biegsamkeit des Ausdrucks schon erkennbar, die Lucian selbst mit Bewusstsein anstrebte, und die ihn vorzüglich zum ersten Stilisten der nachchristlichen Graecität gemacht hat. Im stärksten Gegensatz hierzu fällt im Ὄνος namentlich eine fast affectirt erscheinende, an den Märchenton erinnernde Unbehülflichkeit der Schreibart auf.

---

1) Er hätte sich dafür auf den Vorgang von Maurophrydes, Φιλίστωρ 1862 p. 401 berufen können, nicht aber, wie er es p. 27 thut, auf die freilich viel gewichtigere Beistimmung von Sommerbrodt. Denn dieser setzt, Einleit. p. XVII, den Ὄνος mitten in die zweite Periode der Lucianischen Schriftstellerei, später noch als die nach 165 p. Chr. verfasste Schrift über die Geschichtschreibung.

Will man also das Schriftchen dem Lucian vindiciren, so darf man sich gewiss nicht auf die angebliche Jugendlichkeit des Verfassers berufen, sondern muss eine parodische Absicht auch in der ungewandten Ausdrucksweise erkennen. Da nun aber von satirischen Absichten gerade die frühesten Schriften Lucians am freiesten sind und namentlich sein Kampf gegen den Aberglauben in reifere Jahre zu fallen scheint, so ist es nicht nur unbeweisbar, sondern sogar im höchsten Grade unwahrscheinlich, dass wir im Ὄνος ein Jugendwerk vor uns haben sollten. Damit würde aber Herrn Knauts, ohnehin so schwach gegründete, Annahme von der Stellung des Lucius zwischen Lucian und Apulejus sogar aus chronologischen Gründen unmöglich werden.

So bin ich denn nach wie vor der Ueberzeugung, dass man über blosse Vermuthungen, von denen schliesslich eine nicht mehr oder weniger Fundament hat, als die andere, nur dann hinwegkommen könne, wenn man die Angabe des Photius von der Abergläubigkeit des Lucius von Patrae zum Angelpunkt der Untersuchung macht. Freilich einen directen Beweis zu liefern, dass Lucian der Verfasser des Ὄνος sei, ist überhaupt unmöglich. Mindestens aber kann man so, und wie mir scheinen will, nur so, die gegen Lucianischen Ursprung der Schrift sprechenden sprachlichen Bedenken beseitigen. Müssen denn aber nicht in den allermeisten Fällen angefochtener Autorschaft die Vertheidiger der Ueberlieferung mit dieser negativen Art des Beweises zufrieden sein?

ANHANG.

Ueber die Handschriften des Ὄνος.

So mannigfache Förderung auch dem Text der Lucianischen Schriften in den letzten Jahrzehnten durch Con-
jecturalkritik zu Theil geworden ist, so ist doch bis jetzt
die Untersuchung über die Grundlage aller Kritik, die
handschriftliche Ueberlieferung, zu keinem befriedigenden
Abschluss gebracht. Und doch ist gerade für Lucian eine
derartige Untersuchung doppelt nöthig, weil der Text dieses
in byzantinischer Zeit so viel und eifrig gelesenen und
nachgeahmten [1]) Schriftstellers, dem gewöhnlichen Schicksal
vielgelesener Autoren gemäss, durch Flüchtigkeit und eigen-
mächtige Correcturen der Abschreiber ungemein gelitten
hat, und daher in den verschiedenen Handschriften oft sehr
verschiedene Gestalt zeigt. Freilich erleichtern gerade jene
Interpolationen die Eintheilung der Hss. in Familien; und
diesen Gesichtspunkt hat sehr mit Recht Siemonsen in
seinen quaestiones Lucianeae (Progr. des Gymn. zu Haders-
leben 1866) ergriffen, um mit seiner Hülfe wenigstens im
Allgemeinen einen Ueberblick über die Verwandschaftsverhältnisse der Hss. zu gewinnen. Vor Allem dankens-
werth ist es, dass Siemonsen zuerst es unternommen hat,

---

1) Ueber byzantinische Nachahmungen Lucians handelt B. Hase
in dem interessanten Aufsatz „Imitations de la Nécyomantie de Lucien"
in den Notices et extraits Bd. IX 1813 seconde partie p. 125 ff. vor
dem Τιμαρίων, den neuerdings Ellissen Analekten der mittel- und
neugriech. Litt. IV 41 ff. wieder herausgegeben hat.

die auch nach meiner Ueberzeugung ganz unberechtigte Tyrannei der Görlitzer Hs. abzuschütteln, die dem Text des Lucian grossen Schaden gethan hat. Um aber sowohl die Einsicht von der völligen Werthlosigkeit dieser Hs. weiter zn befestigen, als auch für andere Hss. gesicherte Resultate zu gewinnen, wird es nützlich seiu, zunächst einzelne Schriften auf ihre handschriftliche Ueberlieferung hin zu untersuchen; und so soll denn das hier für den ῎Ονος versucht werden.

Wenn auch die Hss. des ῎Ονος keineswegs erschöpfend collationirt sind, und namentlich die werthvollsten am wenigsten ausgenutzt scheinen, so erlauben die bekannt gewordenen Varianten dennoch einen sicheren Einblick in die Verwandschaftsverhältnisse der Hss. — Die Hss. A (Gorlic. s. XIV.) und F (Guelpherb. s. XIII—XIV) hat Jacobitz verglichen; aus Couriers Commentar kennen wir die Lesarten der von ihm mehr oder weniger genau collationirten Hss. 𝔄 („Venet. Marcian. N. 72"; bei Courier mit A bezeichnet.), Γ (Vatican. 90 = B bei Courier.), C (Paris. reg. 3011. s. XIII: bei Courier Δ), M (Paris. reg. 2954. s. XIII; bei Courier Z), Δ (Paris. reg. 2956, K bei Courier). Dazu kommt noch 𝔊 (Γ bei Courier), ebenfalls ein Vaticanus, der aber c. 31 (p. 361, 34 Bekker) bei den Worten οὐδὲ γὰρ ἔτι abbricht, und von Courier in Rom (nicht wie die andern Hss. daheim in Paris) sehr flüchtig collationirt ist.

Diese Hss. nun zerfallen unverkennbar in zwei Gruppen. So oft nämlich auch alle Hss. in offenbaren Fehlern zusammengehen und so ihren gemeinsamen Ursprung aus Einem Archetypon erkennen lassen, so finden sich doch sehr viele Stellen, an denen 𝔄𝔊FMΔ gegenüber ACΓ in oft stark abweichenden Lesarten zusammen stehen. Von der Entscheidung der Frage, welche von beiden Familien für die interpolirte zu halten sei, hängt die Kritik des ῎Ονος vorzugsweise ab. Jacobitz tritt, seiner Vorliebe für A entsprechend, meist auf die Seite von ACΓ; macht man sich aber von diesem ganz grundlosen Vorurtheile frei, so wird man nicht verkennen können, dass in allen Fällen, wo eine Entscheidung aus innern Gründen überhaupt möglich ist, vielmehr 𝔄𝔊FMΔ das Richtigere bieten. Man vergleiche nur folgende Beispiele.

c. 27 p. 360, 11 Bekker. τὴν ἀγέλην 𝔄𝔊ΔΓ (M?) εἰς ἀγέλην ACΓ.

c. 28 p. 360, 27. ὑπό 𝔄FMΔ (𝔊?) καὶ ὑπό ACΓ.

c. 32 p, 362, 15 ἤμυναν 𝔄FMΔ ἠμύναμεν ACΓ ¹)

c. 33 p. 362, 35. 36. θανάτῳ οἰκτίστῳ ὁλόκληρος ἔτι καὶ ἀκέραιος νεκρὸς τεθνήξομαι 𝔄FMΔ, θανάτῳ οἰκτίστῳ ὁλόκληρος νεκρὸς θανάτῳ τεθνήξομαι ACΓ.

c. 38 p. 364, 23. εὐθὺς ἔνθεν ἐξήλασεν 𝔄MΔ; εὐθύς fehlt in ACΓ (und aus Flüchtigkeit, auch in F.)

c. 39 p. 365, 6. 7. ἀθυμίᾳ τοιαύτῃ 𝔄FM ῥαθυμίᾳ ταύτῃ ACΓ (nach Courier auch Δ; bei Courier's grosser Nachlässigkeit in Angabe der hsL Lesarten ist es wohl erlaubt, hier vor der Hand an einen Irrthum desselben zu glauben.)

39 p. 365, 10. σκευάσας FMΔ𝔄; besser als κατασκευάσας wie in ACΓ sich findet: s. Courier zu 6 (p. 350, 21) p. 189.

40 p. 365, 22, πρὸς σωτηρίαν 𝔄FMΔ; καὶ πρὸς σωτηρίαν CΓ (in A ist ein Blatt ausgefallen, das von 40 p. 365, 21 τῶν ἀγρῶν bis 45 p. 367, 21 ἐξαναστάς reichte.)

41 p. 366, 1 ἐκομίζοντο 𝔄FMΔ ἐκόμιζον CΓ.

41 p. 366, 10 ἔδωκαν 𝔄FMΔ ἐξέδωκάν CΓ.

42 p. 366, 15 οἴκαδε ἤλαυνεν ὡς ἑαυτόν 𝔄Δ, dem breiten Vortrag unsrer Erzählung mehr entsprechend als das ὡς ἑαυτὸν ἤλαυνεν in FM und das οἴκαδε ἤλαυνεν in AΓ: vgl. Courier p. 282.

---

1) ἠμύναμεν billigen zwar Jacobitz und Bekker; aber damit würde der Eseljunge sich selbst mit unter die ἐκδραμόντες rechnen, was doch der Sachlage nicht entspricht. Oder man müsste jene seltsame Art des Nominat. absol. annehmen, die z. B. bei Pseudocallisthenes nicht selten ist, aber in unsrer Schrift sich doch sonst nicht findet.

43 p. 366, 37 οὐδὲ αὐτῷ 𝔄ΜΔ; οὐδ' ἑαυτῷ F mit richtiger Conjectur; οὐδὲ αὐτός ganz falsch CΓ.

47 p. 368, 28 γενναιότατοι μέγαν τέ με 𝔄FΜΔ [1]) γενναιότατοί μοι μέγαν τέμε AC, γενναιότατον . . . μέγαν τέ με Γ.

48 p. 369, 27 ἐθαύμαζον τὸ πρᾶγμα ὡς 𝔄ΜΔ ἐθ. τὸ θαῦμα ὡς F; ἐθαύμαζον ὡς ACΓ.

In all diesen Fällen bietet die Familie 𝔄FΜΔ𝔊 entschieden die richtigere Lesart. Da man nun keine Beispiele wird aufweisen können, in denen die andre Gruppe, ACΓ, gegenüber falschen Lesarten von 𝔄𝔊FΜΔ das unzweifelhaft Richtige erhalten hätte, so folgt mit Nothwendigkeit, dass in 𝔄𝔊FΜΔ die durch Nachlässigkeit und Interpolationen weniger verderbte Handschriftenclasse zu erkennen sei. Nun wird man aber auch in solchen Fällen, wo die nur auf innere Gründe gestützte Ueberlegung schlechterdings keine ganz sichre Entscheidung zwischen den Lesarten der beiden Familien zu treffen im Stande ist, lieber der Familie 𝔄𝔊 FΜΔ als der andern folgen. Solcher Fälle giebt es mehr als man denken sollte, und da in fast allen Jacobitz der Familie ACΓ den Vorzug gegeben hat, so sieht man wohl, dass die Entscheidung dieser Angelegenheit für die Kritik des Ὄνος nicht unwichtig ist. Als Beispiele führe ich an:

c. 21 p. 356, 23 σκεύη 𝔄𝔊FΜΔ; fehlt in ACΓ.

c. 22 p. 357, 18 τυπτόμενος 𝔄𝔊FΜ (Δ?) παιόμενος ACΓ.

c. 21 p. 356, 31 ἕνα 𝔄FΜΔ (𝔊?), fehlt in AΓ (C?)

c. 23 p. 357, 40 ἐπειδή 𝔄FΜ (𝔊Δ?) ἐπεί ACΓ,

c. 25 p. 358, 36 ἡμῶν 𝔄FΜΔ ἡμῖν ACΓ.

c. 33 p. 362, 26 ἔρωτι 𝔄FΜΔ ἔρῳ ACΓ.

c. 35 p. 363, 17 ἀπολελειμμένον 𝔄FΜΔ, ὑπολελειμμένον ACΓ (ἀπολελειμμένον wäre in der Bedeutung „übrig gelassen" freilich mehr poetischer als prosaischer Ausdruck, aber

---

1) Denn bei Courier p. 295 ist das erste B entschieden in das sonst ganz fehlende K zu verwandeln.

eben darum der mit poetischen Floskeln übel verbrämten Redeweise unsrer Schrift desto angemessener.)

c. 39 p. 365, 14 ὦ γύναι 𝔄FMΔ; ὦ fehlt in ACΓ

c. 42 p. 366, 21 ὀθόνῃ τὰ ὄμματά μου ἐμπετάσαντες 𝔄FM.

ὀθόνην τοῖς ὄμμασιν ἐπιπετάσαντες Δ.

ὀθόνῃ τὰ ὄμματά μου σκεπάσαντες CΓ (A fehlt.)

c. 45 p. 367, 20 ἐς οἴκημα ὑπερῷον FMΔ (𝔄?); ἐς ὑπερῷον CΓ.

c. 45 p. 367, 25 f. εἴσω τινὰ τῶν ὑπηρετῶν πέμπουσι 𝔄FMΔ. εἴσω τινὰ πέμπ. τῶν ὑπ. ACΓ.

c. 46 p. 368, 8 καὶ εἶχε καί 𝔄FMΔ, das zweite καί fehlt in AC (Γ?); vgl. Courier p. 292.

c. 56 p. 372, 14 καλός, ἐστεφανωμένος FMΔ. καλὸς καλῶς ἐστεφανωμένος 𝔄 καλῶς ἐστ. ACΓ.

Was nun das Verhältniss der einzelnen Familienglieder zu einander betrifft, so ist in der besseren Klasse ohne Frage 𝔄 die beste Hs. Sie zeigt keine ihr allein· eigenthümlichen Fehler und Interpolationen. Ueber 𝔊 ist ein volles Urtheil bis jetzt nicht möglich: eine günstige Meinung für diesen jedenfalls zur besseren Classe gehörigen Codex erweckt es, dass er in manchen Fällen mit 𝔄 allein, allen andern Hss. gegenüber, in der richtigen Lesart zusammensteht: so namentlich 23 p. 358, 4.

Eine nähere Verwandtschaft zwischen Δ, F und M zeigt sich in dem nicht ganz seltenen Vorkommen von Fehlern und Lücken, die nur diesen drei Hss. gemeinsam sind. So schreiben z. B. c. 23 p. 358, 4 nur ΔFM δίκην κέρκου mit offenbarer Interpolation; c. 51 p. 370, 33 fehlt πολλῷ nur in ΔFM; vgl. ferner 24 p. 358, 28. c. 51 p. 370, 27. c. 52 p. 371, 11. c. 53 p. 371, 36. c. 56 p. 372, 35. c. 56 p. 372, 50.

Wir werden also anzunehmen haben, dass, wenn 𝔄 aus einer verlornen Hs. α stammt, Δ, F und M ihre Existenz

vielmehr einem Bruder des 𝔄, einer ebenfalls verlornen,
aus α copirten Hs. γ verdanken.

Diese Hs. γ wurde nun aber von Δ ganz anders als
von F und M benutzt. Der Schreiber von Δ, unverkennbar
ein Gelehrter, hat die Mängel seiner Vorlage weit weniger
als FM durch blosse Flüchtigkeits- oder Unwissenheits-
fehler vermehrt; dafür aber hat er den ihm vorliegenden
stark corrupten Text durch meist sehr kühne, wenn auch
oft mit grossem Scharfsinn erdachte Correcturen lesbar
zu machen versucht. Durch die zum Theil evidente Richtigkeit seiner Conjecturen hat er die Herausgeber über die
Quelle seiner glatteren Lesarten getäuscht und so auf die
Textgestaltung den allerübelsten Einfluss geübt. Dass seine
Quelle keine besonders reine war, hätte schon seine vielfache Uebereinstimmung mit FM lehren können: dann aber
tragen so viele der ihm allein eignen Lesarten offen das
Gepräge ganz willkührlicher, meist obendrein unnützer
Einfälle, dass man dadurch auch gegen die weniger un-
richtigen der ihm eigenthümlichen Lesarten etwas vorsich-
tiger hätte werden müssen. Aus der grossen Zahl ganz
unverkennbarer Interpolationen hebe ich folgende heraus.

c. 21 · p. 356, 23 εἶτα ὀλίγον ὕστερον ἧκον νεανίσκοι
πολλοὶ κομίζοντες σκεύη πλεῖστα ὅσα χρυσᾶ καὶ ἀργυρᾶ. Statt
dessen liest man in Δ: κομίζοντες σκεύη πολλὰ καὶ αὐτοὶ
ὅσα u. s. w.

c. 38 p. 364, 16 τῶν δὲ κωμητῶν τινες ἔτυχον τότε ὄνον
ἀπολωλεκότες καὶ τὸν ἀπολωλότα ζητοῦντες ἀκούσαντές μου
μέγα ἀναβοήσαντος παρέρχονται εἴσω. So liest man bei Bekker
auf Grund aller Hss. ausser Δ: dort aber und in älteren
Ausgaben ist hinter dem ἔτυχον ein γάρ eingeschoben
und so der ganze Satz ἔτυχον — ζητοῦντες zur Parenthese
gemacht.

c. 47 p. 368, 3 ἤρετό τισιν ἐφ᾽ ᾧ — γελῶσιν: so 𝔄FMACΓ;
da das sinnlos ist, so schreibt Δ kurzweg ἤρετό τινα (τί
ἐστιν wohl mit Recht Bekker nach Couriers Vermuthung.)

— Vgl. ferner c. 13. p. 353, 26. c. 20 p. 356, 12. c. 24
p. 358, 20 (bis) c. 27, p. 359, 33. c. 29 p. 360, 31. c. 29
p. 360, 35. c. 35 p. 363, 18. 19. c. 38 p. 364, 14. c. 38
364, 21. c. 39 p. 365, 11. c. 42 p. 366, 21. c. 43 p. 366,
32. 35. c. 44 p. 367, 5. 9. 34. 37. c. 46 p. 368, 21. c. 47
p. 368, 35. c. 48 p. 369, 24. c. 54 p. 372, 3. c. 55 p. 372, 23.
c. 56 p. 373, 20.

Daneben findet sich eine Anzahl von Lesarten nur in
Δ, die, statt der Corruptelen der andern Hss., einen mindestens durchaus brauchbaren Ausdruck gewähren. (Vgl.
c. 11 p. 352, 17. c. 15 p. 354, 3. (?) c. 15 p. 354, 9. 10.
c. 17 p. 354, 37. c. 23 p. 358, 6. c. 27 p. 360, 5. (?) c. 29
p. 360, 38. c. 31 p. 361, 37. c. 33 p. 362, 19, c. 33 p. 362,
25. (?) c. 35 p. 363, 14. c. 41 p. 366, 3. 5. 8. (?) c. 43
p. 366, 32. (ἔωθεν) 38. c. 45 p. 367, 21. c. 49 p. 369,
38. (?) c. 54 p. 372, 19 (?)]. Aber ohne Frage verdankt
man auch diese Verbesserungen nur dem Scharfsinn des
Schreibers von Δ, nicht seiner Vorlage. Denn da keine
einzige dieser Lesarten derart ist, dass sie nicht durch
kühne und glückliche Divination gefunden werden könnte,
so sind wir genöthigt, auch hier nur die Hand des einmal
in Betreff willkührlicher Aenderungen als wenig gewissen-
haft erkannten Abschreibers zu sehen. Man mag einen
Theil dieser Lesarten in den Text aufnehmen, ohne aber,
wie bisher, zu übersehen, dass man damit durchaus keine
Gewissheit hat, die unverfälschte Ueberlieferung wieder
hergestellt zu haben.

Noch viel unberechtigter ist der Einfluss den ältere
Ausgaben der Hs. F eingeräumt haben. Denn diese Hs.
ist nichts als eine liederliche Copie des selbst schon stark
verwahrlosten M. Anders nämlich ist die sehr häufige
Uebereinstimmung von F und M in groben Fehlern und
plumpen Correcturen nicht zu erklären. Die Beispiele dafür
sind zahllos; man vergleiche nur: c. 11 p. 352, 16 ἐπιλελησ-
μένος ganz sinnlos. MF c. 21 p. 356, 31 καταλιπόντες τὴν

γραὖν καὶ νεανίσκον ἕνα MF nnd ihnen folgend die älteren Ausgaben statt der von Jacobitz mit Recht restituirten Lesart der bessern Hss. καταλιπόντες τῇ γραίᾳ νεανίσκον ἕνα.

c. 24 p. 358, 15 διπλῆ ὁδός MF und die älteren Ausgaben; τριπλῆ ὁδός alle andern Hss. S. ferner c. 2. p. 348, 17. c. 3 p. 348, 31. c. 4 p. 349, 17. 28. c. 6 p. 350, 20. c. 7 p. 350, 34. c. 11 p. 352, 24. c. 12 p. 353, 7. c. 17 p. 355, 10. c. 22 p. 357, 9. c. 28 p. 360, 20 u. s. w.

Dass nicht etwa M aus F sondern vielmehr F aus M stammt, würde schon die Zeitbestimmung der beiden Hss. beweisen, falls sie ganz sicher ist; ganz unzweifelhaft wird aber die Priorität von M dadurch, dass in F sich eine sehr grosse Anzahl von Fehlern, Lücken und Zusätzen findet, von denen M frei ist, und für die dessen Schreiber, falls er F copirte, mit dem allergrössten Scharfsinn das Richtige nicht hätte finden können. Auch hier mögen wenige Beispiele aus sehr vielen genügen. c. 13 p. 353, 18 τότε hinter πτερῶσαι setzt nur F zu. c. 39 p. 365, 6 εἶπεν, ὦ φίλτατε M und alle andern Hss., ὦ φίλτατε εἶπεν nur F. c. 45 p. 367, 29 οἱ δέ bis Z. 30 ὄνον fehlt nur in F. (s. ferner c. 3 p. 349, 2. 4. p. 349, 26. 27. c. 6. p. 350, 14. c. 16 p. 354, 27. 28 u. s. w) Dass endlich nicht etwa die Gemeinsamkeit der Fehler in M und F aus der Benutzung eines gemeinsamen Archetypon erklärt werden kann, beweist de Umstand, dass nicht an einer einzigen Stelle F allein das Richtige, [1]) M das Falsche giebt. Denn danach müsste entweder M die gemeinsame Vorlage ganz ohne Zusatz eigner Fehler copirt, oder F stets beim Abschreiben dieselben Versehen wie M begangen haben: beides ganz unglaublich.

----

1) Abgesehen natürlich von leicht erkennbaren Conjecturen, dergleichen sich einige von der leichtesten Art in F allein finden.

Das Stemma der besseren Familie wäre also folgendes:

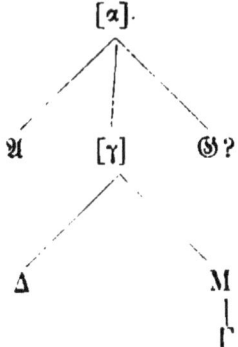

Die Familie ACΓ stammt aus einer etwas schlechteren Copie desselben Codex, aus dem auch α abgeschrieben wurde. Innerhalb dieser Gruppe steht ohne Frage Γ voran: er hat zu C und A dasselbe Verwandtschaftsverhältniss wie Δ zu M und F, nur dass er von eigenmächtigen Interpolationen viel freier ist als Δ. Zwischen C und A findet genau dasselbe Verhältniss wie zwischen M und F statt: A, der von Jacobitz so stark überschätzte, ist nichts als eine, noch dazu nachlässig gemachte Copie aus C. Nahe Verwandtschaft von C und A zeigt zunächst der Umstand, dass viele Fehler und Lücken sich nur in diesen beiden Hss. finden. So c. 10 p. 355, 11. παραγράψαι, c. 19 p. 355, 38 ὑπήχους bis ὡς δὲ οὐδέν p. 356, 1 fehlt nur in AC (ferner vgl. c. 12 p. 353, 14; c. 25 p. 358, 33; c. 27 p. 360, 1; c. 38 p. 364, 34; c. 47 p. 368, 27 u. s. w.). Dass nun A aus C stammt und nicht umgekehrt, folgt genau aus denselben Erwägungen wie der Ursprung von F aus M. Nämlich sehr viele entschieden falsche oder doch sehr bedenkliche Lesarten und namentlich eine grosse Anzahl von Lücken sind allein A eigen. (Vgl. c. 6 p. 350, 11; c. 9 p. 351, 24; c. 10 p. 352, 1; c. 15 p. 354, 9; c. 16 p. 354, 27; c. 17 p. 354, 38; c. 17 p. 355, 1; c. 18 p. 355, 15, 16; c. 19 p. 356, 2, 3; c. 22 p. 357, 11; c. 23 p. 357, 29; c. 23 p. 358, 5; c. 25 p. 358, 35; c. 25 p. 358, 37; c. 25 p. 359,

2; c. 26 p. 359, 32; c. 27 p. 359, 34, 36; c. 27 p. 360, 4 (bis).
7; c. 33 p. 362, 18; c. 34 p. 363, 8; c. 37 p. 364, 4; c. 38
p. 364, 10, 12, 14, 29, 33; c. 49 p. 370, 6; c. 50 p. 370, 8;
c. 50 p. 370, 13, 18/19; c. 51 p. 370, 23; c. 51 p. 371, 2;
c. 52 p. 371, 17; c. 54 p. 372, 13; c. 55 p. 372, 20; c. 56
p. 373, 10, 12, 21), keine einzige allein C; somit kann weder
C aus A, noch beide aus einem gemeinsamen Archetypon
stammen.

Das Stemma beider Familien ist mithin dieses:

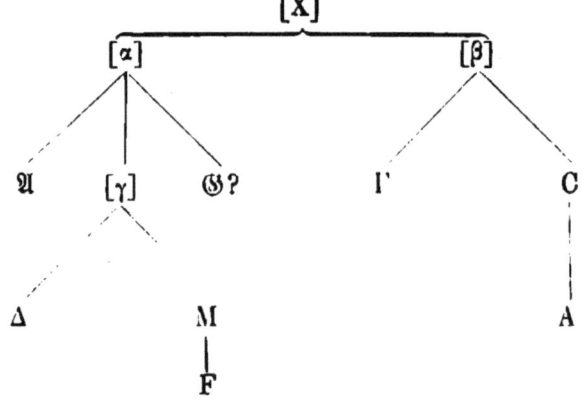

Uebereinstimmung beider Familien ergiebt somit direct
die Lesart des Archetypon X; in zweifelhaften Fällen werden wir uns an die Familie α und innerhalb dieser wieder
am Liebsten an 𝔄, als unsere beste Hs., halten. Wo indess innere Gründe dazu kommen, werden wir auch die
Familie β zn berücksichtigen und namentlich die Lesart
von Γ sorgsam zu prüfen haben. 𝔄 und Γ gegenüber können
überhaupt die andern Hss. nur sehr wenig Gewicht haben,
und namentlich darf der trügerische Schein einer glatteren
Ueberlieferung in Δ nicht mehr täuschen. Vielmehr werden
wir stets erst nach Eruirung der in X dargebotenen Lesart
hoffen dürfen, durch selbstthätige Divination die freilich
auch in X schon mannichfach verdunkelte ursprüngliche
Form unsrer Schrift wiedergewinnen zu können.